स्वाधीनता के युगपुरुष
श्री अटल बिहारी वाजपेयी
"जंग न होने देंगे"

कविता, विचार और भाषण

AF529685

संपादन

प्रो.पुष्पिता अवस्थी

चिंतक, पत्रकार, साहित्यकार और
मानवीय मूल्यों की एक्टिविस्ट

डायमंड बुक्स

www.diamondbook.in

प्रकाशक : डायमंड पॉकेट बुक्स (प्रा.) लि.
X-30 ओखला इंडस्ट्रियल एरिया, फेस -II
नई दिल्ली- 110020
फोन : 011-40712200
ई-मेल : sales@dpb.in
वेबसाइट : www.diamondbook.in
संस्करण : 2024
मुद्रक : रेप्रो (इंडिया)

Swadhinta Ke Yugpurush Shri Atal Bihari Vajpayi "Jung Na Hone Denge"
by Pushpita Awasthi

भारतवंशी देश सूरीनाम में हिन्दी के विकास सूत्र और 'जंग न होने देंगे' के अर्न्तसम्बन्ध

समय अपनी हृदय पट्टिका में संघर्षशील शक्तियों का इतिहास उकेरता ही नहीं अपितु उन्हें मनुष्यता को संरक्षित रखने के पक्ष में सदियों के लिए सुरक्षित कर लेता है। इतिहास अतीत होते हुए भी वर्तमान में मार्गदर्शक होकर हमारे साथ रहता है। उसके मार्गदर्शन की शक्ति का मूल स्त्रोत उस जाति और समाज की भाषाई और सांस्कृतिक विरासत है।

इसी वर्ष 5 जून, 2023 को सूरीनाम में डच कोलोनाइजर द्वारा हिन्दुस्तानियों को स्थापित करने के एक सौ पचास वर्ष, दोहरी हीरक जयंती, भाषा और संस्कृति का दोहरा अमृत काल पूर्ण होता है। जिसके सम्मान में भारत की राष्ट्रपति महामहिम मूर्मू जी ने सूरीनाम देश में 5 जून, 2023 को पहुँचकर उस देश की हिन्दुस्तानी जनता को भारत देश की बधाई और शुभकामनायें सौंपी।

भारतवंशी बहुल देशों में मॉरीशस और फिजी देश द्वीप की तरह ही सूरीनाम देश को भी हिन्दुस्तानी संस्कृति और हिन्दुस्तानी भाषा को अपने जीवन मे जीवंत बनाये रखने का ऐतिहासिक सौभाग्य हासिल है। जिसकी तेइस वर्षों से मैं भी साक्षी हूँ। विदेश सेवा के अन्तर्गत मैंने सूरीनाम देश का चयन किया उसका मूल कारण यह भी था कि उस देश के भारतीय दूतावास में राजदूत के रूप में प्रधानमंत्री श्री अटल जी द्वारा विदुषी कर्मठ श्रीमती कमला सिन्हा जी की नियुक्ति हुई थी। मेरा नाम और परिचय उन तक पहुँचने के बाद उन्होंने 'माँ' और मातृभूमि की तरह मुझे पुकारा। हर सप्ताहांत पर उनके फोन ने मुझे स्वदेश छोड़ने का साहस दिया। संयोग से प्रधानमंत्री अटल जी के आवास पर एक बैठक आयोजित थी जहाँ मुझे जाने का सौभाग्य मिला और फिर वहाँ उपस्थित कवियों के बीच काव्य–पाठ का आयोजन हुआ। अटल जी को बहुत निकटता से काव्य–पाठ करते हुए सुना ही नहीं बल्कि आत्मा ने अनुभव किया। चलते समय उनके चरण–स्पर्श कर आशीष लेने के लिए आगे बढ़ी तो मेरे शीश पर अपना मंगल हस्त रखते हुए अभिषेक की मुद्रा में कहा 'इस बार एक कवि और स्त्री शक्ति को सूरीनाम भिजवा रहा हूँ अवश्य ही कुछ ऐतिहासिक घटित होगा, जिसका मुझे इन्तजार है।'

सूरीनाम पहुँचने पर रात्रि के 11 बजे माँ कमला सिन्हा (राजदूत) मुझे लेने जेन्द्रेई एयरपोर्ट आयीं हुई थी। मेरे लिए उन्होंने घर की सवोत्तम व्यवस्था की।

कार्यालय से अपने साथ घर लेती जाती थीं उनके साठ वर्ष के राजनीतिक संघर्ष के किस्सों और सूरीनाम में इतिहास रचने के सपनों पर देर रात तक बातचीत होती रहती। वे बिहार से थीं पर मूलत: बंगाल में जन्मी थीं। मैं उत्तर प्रदेश के कानपुर से जन्मी और काशी में शिक्षित, दीक्षित हुई। यह संयोग भी नियति निर्धारित ही था।

सूरीनाम के हिन्दुस्तानियों का आत्मीय परिचय सर्वप्रथम मुझे उनकी हार्दिक संवेदनशील भाषा में मिला। बयालिस प्रतिशत अधिकांश हिन्दुस्तानियों के पुरखे उत्तर प्रदेश, बिहार, हरियाणा, छत्तीसगढ़, मध्यप्रदेश से पहुँचे हुए थे। ग्रामीण किसानी परिवार होने के कारण इनकी संवाद और सम्पर्क की भाषा हिन्दी भाषा परिवार के इन प्रदेशों की बोलियों के समुच्चय से निर्मित थी। चूँकि सूरीनाम देश में जहाज से आये हुए कोलोनाइज़र समय के हिन्दुस्तानियों की बोली-बानी की संस्कृति के बीच निर्मित हुई थी जिसे उन्होंने 'सरनामी' नाम से पुकारा। सूरीनाम देश के गजेटियर में हिन्दुस्तानियों की महतारी भाषा, अस्मिता की भाषा के रूप वकिल और भाषा विशेषज्ञ श्री ज्ञानाधीन जी द्वारा पंजीकृत करवाया गया।

सूरीनाम पहुँचने के एक सप्ताह बाद 14 सितम्बर था जिसका आयोजन मेरे नेतृत्व में भारतीय सांस्कृतिक केन्द्र, पारामारिबो के समाकक्ष में हुआ। ज्ञानाधीन जी सूरीनाम हिन्दी परिषद के इन्जीनियर श्री जानकी प्रसाद सिंह, आर्य दिवाकर में हिन्दी भाषा और सरनामी के शिक्षक पं. हरदेव सहतू, पं. रामदेव रघुवीर अन्तर्राष्ट्रीय डच और सरनामी के कवि जीत नारायन और श्रीनिवासी जी आये हुए थे सभी सरनामी और हिन्दी भाषा के शिक्षक और प्रणेता थे। इस अन्तिम वाक्य का रहस्य कुछ माह बाद मेरे सामने खुला तो अपने पाठकों के लिए इसका आकर्षण बचा कर रखती हूँ।

राजदूत महामहिम, श्रीमती कमला जी ने सूरीनाम के हिन्दुस्तानियों के सांस्कृतिक और भाषाई प्रेम के प्रति समर्पण लगन को देखकर 'विश्व हिन्दी सम्मेलन' आयोजित करने का स्वप्न मुझसे साझा किया।

प्रधानमंत्री अपने अग्रज अटल भाई जी से भी उन्होंने फोन द्वारा निवेदित किया था उनकी ओर से भी हर्षित स्वीकृति मिल गयी। इसके बाद तो हम दोनों हिन्दी की माँ बेटी को पंख मिल गये थे।

इसके लिए मैंने, पूरे सूरीनाम देश में हिन्दी के शिक्षण की स्थिति को आकलन करने के लिए राजधानी पारामारिबो और गाँव-गाँव में हिन्दी स्कूलों के दौरे किये। कुछ इस तरह जैसे भारत में पार्टियों के चुनावी दौरे होते हैं और पता चला कि 2002 में सूरीनाम देश में डेढ़ सौ से अधिक हिन्दी भाषा और सरनामी

भाषा के स्कूल है। एक ओर सूरीनाम देश के आप समाजियों द्वारा यह प्राइवेट स्वैच्छिक शैक्षिक स्कूल चलाये जाते हैं जहाँ भारतीय हिन्दी, देवनागरी लिपि में शिक्षण दिया जाता है। वही सरनामी भाषा जो हिन्दी भाषा परिवार की बोली न होकर उनकी इकलौती महतारी भाषा है जिसका शिक्षण-प्रशिक्षण पूरे सूरीनाम देश के हर सनातनी और आर्य दिवाकर के मन्दिरों में अवैतनिक रुप से दिया जाता है। पढ़ाने वाला शिक्षक इसके लिए कोई वेतन नहीं लेता है और पढ़ने वाला विद्यार्थी इसके लिए कोई फीस नहीं देता है।

सूरीनाम देश के अधिकांश जगहों के नाम नीदरलैंड देश के नामों पर आधारित हैं हिन्दुस्तानियों ने अपनी समझ की सुविधा और अपनी

तथा इलाके की गोपनीयता के लिए भारत के शहरों के नाम पर कलकत्ता, बम्बई, कानपुर, लखनऊ रखें हैं। अब भारत में कलकत्ता कोलकता हो गया बम्बई मुम्बई हो गया है। ऐसे ही और शहरों और स्थानों के नाम बदलते जा रहे हैं लेकिन भविष्य में सूरीनाम देश सहित अन्य भारतवंशी बहुल देशों में भारत के नाम और हिन्दुस्तानी शिक्षा और संस्कृति की पहचान के चिह्न इन देशों में शेष मिल जायेंगें। क्योंकि विश्व हिन्दी कोश द्वारा निर्धारित हिन्दुस्तान परिक्षेत्र के जिन क्षेत्रों से हिन्दुस्तानी का समुदाय आया है उन्होंने अपने इलाके का नाम वही रखा है इसलिए भारत की माटी छूटने के बाद इस देश की माटी और अपनी मातृभूमि को वही नाम दिया है जहाँ से उनके पुरखे आये। इस तरह चौदह हजार कि.मी. की दूरी को नाम देकर तथा शिव, श्री राधाकृष्ण, श्री सीताराम और हनुमान जी के मन्दिरों का निर्माण कर हार्दिक मानसिक समर्पण से वे भौगोलिक दूरियाँ मिटा सके हैं। व्यवसायियों ने जहाँ भारतीय पूजा-पाठ वेशभूषा और खान-पान का सामान मिलता है। उसे "लिटित इंडिया" का नाम दिया है। सात टेलीविजन हिन्दी चैनल है जहाँ चौबीस घंटे

बालीवुड फिल्में दिखायी जाती हैं भारत से पहले उनका प्रसारण सूरीनाम देश में हो जाता है। लातिन अमेरिका की उत्तरी शीर्ष पर और उत्तर अमेरिका के पगतल में स्थित होने के बावजूद यहाँ के हिन्दुस्तानियों में न तो हॉलीवुड का प्रभाव है और न ही पाश्चात्य संस्कृति का प्रभाव है वे बहुत हेय दृष्टि से पाश्चात्य संस्कृति को आँकते है। यही कारण है कि भारतीय संस्कृति को अपने जीवन का जीवंत साझेदार बनाये रखने के लिए वे हिन्दुस्तानी बोली समुच्चय की सरनामी जो रोमन लिपि में लिखी जाती है और पांच पीढ़ियों से चली आ रही है उसे सिखाने की परम्परा भारत के अंग्रेजी के कोचिंग स्कूल की तरह चलाये हुए हैं पर इससे हिन्दी-सरनामी शिक्षक कोई कमाई नहीं करता है।

इसके स्वैच्छिक और व्यक्तिगत स्तर पर शिक्षण की व्यवस्था है जिसके लिए हर सात-दस घरों के बीच एक पाठशाला होती है जहाँ श्यामपट्टरण होता है। मन्दिरों मस्जिदों के अलावा इस तरह घरों में हिन्दी शिक्षण और भारतीय संस्कृति, कला-संगीत, नृत्य की शिक्षा दी जाती है। कत्थक और भरतनाट्यम के शास्त्रीय नृत्यकार है। बालीवुड की फिल्मों के गायक और गायिकाएँ हैं सप्ताहांत में उत्सव की तरह म्युजिक के साथ गायकों का गायन और नृत्य होता है। बॉलीवुड के गायकों और अभिनेताओं के वर्ष में कई बार सूरीनाम संगठनों के आवाहन पर दौरे लगते हैं। बॉलीवुड की तरह का समा बना रहता है। सूरीनाम में जन्मदिन सारे तीज-त्यौहार रीति-रिवाज ग्रामीण हिन्दुस्तानी तहज़ीब में बॉलीवुड की रौनक की तरह मनाये जाते हैं और इसी सबको बनाये और बचाये रखने के लिए हिन्दी शिक्षण का कार्य व्यक्तिगत स्कूलों और अन्य स्थानों में जारी रहता है।

ग्रियर्सन का मानना था कि भारत की संस्कृति का ज्ञान हिन्दी द्वारा ही हो सकता है इस सन्दर्भ में हिन्दी भाषा और हिन्दुस्तानी संस्कृति के प्रति सूरीनाम के आस्था के सत्य को देखा जा सकता है। सूरीनाम में कबीर पन्थ की भी जीवंत परम्परा है जिनके केन्द्रों में भी हिन्दी शिक्षण का कार्य साधना की तरह होता है क्योंकि हिन्दी भाषा के ज्ञान के बिना कबीर के दर्शन और पन्थ को समझना कठिन है।

सूरीनाम के संविधान के अनुच्छेद 16 के अनुसार प्रत्येक व्यक्ति को शिक्षित होने का अधिकार है। चालक सप्ताह तक नियमित पढ़ाई का विधान है। चालीस प्रतिशत से अधिक हिन्दी और सरनामी भाषी भारतवंशियों की आबादी होने के बावजूद सूरीनाम देश के विश्वविद्यालय में अब तक हिन्दी विभाग नहीं है जबकि नीदरलैंड देश के लाइडन विश्वविद्यालय के केरन इन्स्टीट्यूट के अन्तर्गत सरनामी भाषा की शिक्षा दी जाती है। जब भी सूरीनाम देश के विश्वविद्यालय में हिन्दी विभाग खोलने की बात जोर पकड़ती है तो सरकार द्वारा वहाँ की चायनीज़ और जापनीज़ और स्रनांग तोगों भाषी लागों का दबाव जताकर इसे भी हाशिये पर डालकर टाल दिया जाता है जबकि हिन्दुस्तानियों के प्रवास के वहाँ एक सौ पचास वर्ष पूरे हुए लेकिन हिन्दी और सरनामी शिक्षण की व्यवस्था न होने के कारण- वहाँ के हिन्दुस्तानी समुदाय द्वारा शिक्षण निमित्त आत्मनिर्भरता की यह स्वैच्छिक पद्धति अपनायी गयी। इसलिए घरों, मन्दिरों और मस्जिदों में हिन्दी और सरनामी शिक्षण की ध्वजाएँ एक सौ पचास वर्षों से फहरा रही हैं। जो हिन्दी भाषा और उसके परिवार की बोलियों के अमृत शक्ति का जयघोष कर रही है। यदि भाषा में संस्कृति के प्रथा है तो संस्कृति में भाषा की आत्मा बसती है जिसका

जयघोष सूरीनाम देश की हिन्दी संस्कृति से उजागर है।

इतिहास रचने वाले इतिहास नहीं लिखते हैं। समय के भीतर वे अपने को इस तरह दर्ज करते हैं कि अतीत के होकर भी वह भविष्य के होते हैं। उनकी ऐतिहासिक हो चुकी कर्मशीलता में भविष्य की योजना के सन्दर्भ होते हैं।

आज हम हैं, कल हमारी पीढ़ियाँ रहेंगी। हम सभी जानते हैं कि भाषा की नसों में संस्कृति की शक्ति है। मजदूरों के खून-पसीने से बनी और बची हुई हिन्दी भाषा दासता के कठिन तूफानी दौर में न बुझ सकी। दर्द और यातना सहते हुए अपने जुझारू समय में भाषा और संस्कृति की शक्ति को हमारे पुरखों ने मिटने नहीं दिया। यही मशाल की तरह सूरीनाम देश के हिन्दुस्तानी घरों में दिखाई देती है। समर्पण में अर्जन का सुख मानवीय संस्कृति का सूत्र है।

हिन्दुस्तानी घरों के आँगन, अहाते में गड़ी हुई झंडियाँ, मन्दिरों में फहराती हुई पताकाएँ, मस्ज़िदों की अज़ान और दूसरे देश, जाति और धर्म के लोगों के साथ आनन्ददायी मैत्रीपूर्ण सम्बन्ध सूरीनाम के आप्रवासी भारतवंशियों की आचरण संहिता का पहचान-पत्र है जिसे वह आगामी पीढ़ियों को सौंप रहे हैं। सूरीनाम हिन्दी परिषद, हिन्दी और सरनामी भाषा का प्रचार-प्रसार केन्द्र होने के साथ-साथ हिन्दुस्तानी संस्कृति के विस्तार का भी आधार है। संस्कृति भाषाजन्य होती है और भाषा संस्कृति प्रसूता है। दोनों का देह-प्राण-सा अभिन्न सम्बन्ध है। यही कारण है कि सूरीनाम की हिन्दी भारतवंशियों की जीवन संस्कृति की परिचायक है कि विश्व के अन्य देशों में बस रहे आप्रवासी भारतवंशियों की मातृभाषा हिन्दी है। यह उनके, आपके, हम सबके सम्बन्ध और सम्पर्क की भाषा है। मनुष्य जाति की यह आठ सौवीं पीढ़ी पिछले पाँच हजार वर्षों तक के निष्कर्ष द्वार पर खड़ी है। परिवर्तन की रफ्तार इतनी तेज है कि क्या लेना है और क्या छोड़ना है, उसकी समझ में नहीं आ रहा है। इसीलिए दुनिया के अनेक देशों में सामाजिक और राजनीतिक उथल-पुथल मची हुई है। आज दुनिया में लगभग दो हज़ार भाषाएँ हैं। जिसमें पचासी प्रतिशत प्रयोग की दिशा में हैं।

राष्ट्रीयताओं का कल्याण सह-अस्तित्व में है। हिन्दी, भाषा और संस्कृत उसके बाद की भाषाओं के दर्शन और साहित्य की परम्परा से भी जुड़ी हुई है। हिन्दी में वह सब कुछ है जो भारतीय संस्कृति में है। यही कारण है कि विश्व के आप्रवासी भारतवंशी अपनी भावी पीढ़ियों को किसी-न-किसी रूप में हिन्दी सिखाना चाहते हैं।

हिन्दी और भारतीय संस्कृति की रक्षा करना हमारा पावन कर्तव्य है, दोनों सतत विकासशील हैं। प्रसिद्ध अमेरीकी पत्रकार और लेखक डॉ. अलिवनताफलर ने अपनी पुस्तक, 'तीसरी लहर' में, (थर्ड फेज़ 1980) में इस बात का स्पष्ट

उल्लेख किया है कि हम उपग्रहों का भी प्रयोग करेंगे किन्तु मानवता का भविष्य गांधी–दर्शन में है। अमेरीका के उपराष्ट्रपति रह चुके एल. गोर ने गांधी दर्शन की प्रशंसा करते हुए कहा कि आज के युग की अनेक समस्याओं का समाधान उन्हें भारतीय दर्शन में दिखाई पड़ता है। महात्मा गांधी ने सादा जीवन उच्च विचार का संदेश तो दिया ही उनकी दृष्टि मातृभाषा के सन्दर्भ में बहुत स्पष्ट थी। महात्मा गांधी ने कहा था, 'मेरी मातृभाषा में कितनी ही खामियाँ क्यों न हो, मैं उससे उस तरह चिपटा रहूँगा जैसे माँ की छाती से।' भाषा तो मनुष्य के मन–मस्तिष्क में जीवित रहती है। वह एक गतिशील शक्ति है। उपयोग के अभाव में अनुदित ग्रन्थ और परिभाषिक शब्द संग्रहालय की वस्तु बनकर रह जाते हैं। भारत से बाहर हिन्दी भाषा सांस्कृतिक, धार्मिक और आध्यात्मिक कारणों से सीखी जाती है।

भाषा, व्यक्ति के विकास की शक्ति है। भाषा व्यक्ति के अस्तित्व और अस्मिता की परिचायक है। हिन्दी की पहचान को छूनेवाली विश्व की सरनामी, फिजी बात, नैताली आदि भाषाएँ हैं। उसी से मानक हिन्दी का जन्म हुआ है। इसलिए हिन्दी जैसी चेहरे वाली भाषाएँ सहोदरा बहन–भाषाएँ हैं।

हिन्दी विश्व की द्वितीय सर्वाधिक बोली जाने वाली भाषा है। 366 मिलीयन आबादी हिन्दी भाषी है जिसमें 50 करोड़ हिन्दी भाषी भारत देश से हैं। जिसमें 19 करोड़ हिन्दी भाषी वे लोग हैं जिनकी मातृभाषा हिन्दी नहीं है।

विश्व के 132 देशों में एक करोड़, बीस लाख से अधिक भारतीय लोग हैं जिसमें से आधे से अधिक लोगों की जीवन और संस्कृति–भाषा हिन्दी है। विश्व के 37 देशों में स्थित 109 विश्वविद्यालयों तथा संस्थाओं में हिन्दी के अध्ययन–अध्यापन की सुविधाएँ हैं। विश्व के 48 देशों में हिन्दी के ज्ञाताओं की संख्या पर्याप्त है। द वर्ल्ड अलमानक एंड बुक ऑफ फैक्ट्स न्यूयार्क 1981 के अनुसार नेपाल में 90 प्रतिशत, पाकिस्तान में 87 प्रतिशत, मॉरिशस में 69 प्रतिशत, ग्वाटेमाला में 54 प्रतिशत, गयाना में 40 प्रतिशत, अरब में 50 प्रतिशत, सूरीनाम में 37 प्रतिशत, बंगलादेश में 30 प्रतिशत, इक्वेडोर में 25 प्रतिशत, कुवैत में 3 प्रतिशत तथा यमन में 11 प्रतिशत हिन्दी के ज्ञाता रहते हैं। विभिन्न खाड़ी देशों में, सुदूर पूर्व के देशों, कैरेबियन देशों में हिन्दी के प्रयोगकर्ताओं की संख्या पर्याप्त है। चेक गणराज्य की चेक भाषा यदि साड़ी पहन ले तो वह हिन्दी बन जाती है। भारत के बाहर भारत अर्थात् कैरीबियन देशों वाला वृहद् सांस्कृतिक भारत किसी–न–किसी रूप में हिन्दी की पूर्वतः अपनाए हुए हैं। हिन्दी भाषा को भारत और भारत के बाहर समर्पित विद्वानों, भाषाविदों, लेखकों, पत्रकारों, सम्पादकों, साहित्यकारों एवं तकनीक विदों एवं अन्य लोगों का

असीम सम्मान मिलता रहा है। जिससे इस भाषा का मानकीकरण, समृद्धिकरण एवं तकनीकीकरण उपयोगी सिद्ध हुआ है।

इस शताब्दी के प्रारम्भ में शुरू हुई विश्व में हिन्दी के उपयोग का आज आशाजनक एवं उत्साह वर्धक विकास (मल्टीमीडिया स्वयंशिक्षक, मन्त्र, अल्पशब्द रत्न, सुविन्डोज, आकृति, आफिस हिन्दी में ई-मेल तथा वेब प्रकाशन सुविधा अस्तित्व में आना) हिन्दी सेवियों के समर्पण का परिणाम है।

सूचना विस्फोट, शब्द विस्फोट, ज्ञान का विस्फोट तथा नेटवर्क सोसाइटी की संकल्पना, भूमंडलीकरण, निजीकरण एवं उदारीकरण तथा मोटे तौर पर द्वितीय औद्योगिक क्रान्ति के तीव्र विकासक्रमों जैसे सन् 2006 तक कृत्रिम इलेक्ट्रोनिक जीवन की उत्पत्ति, इंसान की तरह बोलने, बात करने, आन लाईन चैट बॉक्स का निर्माण, सन् 2008 तक पश्चिमी देशों में सारी सेवाओं का इलेक्ट्रानिकीकरण, सन् 2018 तक कम्प्यूटर एवं रोबोट का नोबल पुरस्कार के लिए नामांकन, सन् 2030 तक शारीरिक एवं मानसिक रूप से रोबोट का आदमी से श्रेष्ठ हो जाना, सन् 2035 तक टैलीपैथी का सम्भव होना आदि विकासक्रम न केवल विश्व हिन्दी अपितु अन्य भाषाओं के लिए नई शताब्दी की चुनौतियाँ हैं। इस दृष्टि से भी सूरीनामी आप्रवासी भारतवंशियों को आत्मरक्षा और जीवन-संस्कृति की रक्षा के लिए हिन्दी और सरनामी भाषा को अपनी भाषा बनाने के सन्दर्भ में सक्रिय हो जाना चाहिए। इसी परिप्रेक्ष्य में चीनी, फ्रेंच, अंग्रेजी, स्पेनिश, अरबी तथा रूसी भाषाओं आदि के उन्नायकों द्वारा अपनाई जाने वाली विकास नीति को भी हिन्दी-भाषा का प्रचार-आधार बनाना उचित होगा।

अन्य प्रसिद्ध और चर्चित भाषाओं की तरह हिन्दी भाषा विश्व के उपयोगी प्राचीनतम और नवीनतम ज्ञान की संवाहिका है। अन्तरिक्ष के ज्ञान के निमित्त ज्योतिष-शास्त्र के सम्पर्क-सेतु में हिन्दी भाषा समर्थ सहायिका है। रासायनिक समीकरणों से बनी हुई औषधियों से थका-हारा तन-मन आयुर्वेद की शरण में जाना चाहता है। चरक और सुश्रुत जैसे न जाने कितने प्रकृति ख मनीषियों का ज्ञान संस्कृत में हिन्दी टीका सहित उपलब्ध है। हिन्दी एक ओर यदि आप्रवासी भारतवंशियों के लिए भारतीय संस्कृति की प्रतीक भाषा है तो दूसरी ओर वर्तमान समय के विश्व के समक्ष ज्ञान प्रदान करने में सक्षम वैज्ञानिक भाषा है।

विज्ञान का सार्थक ज्ञान प्राप्त करने के लिए हिन्दी भाषा भी एक उचित माध्यम है। हिन्दी भाषा स्वयं में एक वैज्ञानिक और सरल भाषा है। ध्वनियों के उच्चारण के अनुकूल ही उसका लिखित स्वरूप बनता है। भाषा के विद्वानों के अनुसार विश्व की सभी भाषाओं की ध्वनियाँ देवनागरी में लिखी जा सकती है।

वर्ष 2002 और 2003 में सरनामी भाषाशास्त्री और कवि जीत नाराइण तथा डच वनांग तोंगो और अंग्रेजी भाषा विशेषज्ञ ओलिफियरा फ्राँस के साथ-साथ जावानीज भाषा की सुश्री वाँनी कारियोपाविरों और संस्कृति विभाग के श्री कारमेन मुदाकिस के साथ 'देवनागरी लिपि' पर पुस्तक तैयार करते हुए मैंने देवनागरी लिपि की वैज्ञानिकता को गहराई से अनुभव किया।

"सूरीनाम हिन्दी परिषद" का इतिहास तैयार करने के क्रम में आप्रावासी भारतवंशियों की संघर्षगाथा के साथ-साथ अनेक अन्य इतिहास को अत्यन्त संक्षेप में समेटने की कोशिश की गई है। इसके बाद सरनामी भाषा और हिन्दी भाषा की प्रगति की कहानी को प्रस्तुत किया है।

सूरीनाम देश में सरनामी और हिन्दी भाषा के प्रति समर्पित प्रेम को देखते हुए जब राजदूत महोदया कमला सिन्हा जी के द्वारा विश्व हिन्दी सम्मेलन सूरीनाम में करवाने का निर्णय भेद मुझसे लिवाया गया तो मैंने साहित्य मित्र और विद्यानिवास सूरीनाम साहित्य संस्थान का 2001 नवम्बर माह में गठन किया। जिसके लिए संप्ताहांत में कभी मन्दिरों में कभी मेरे आवास और कभी हरदेव सहतू जी के यहाँ दोनों दिन हिन्दी भाषा और साहित्य की प्रशीक्षण और कार्यशालाएँ होती थीं जिसके अन्तर्गत उन्हें कविता और कहानी लिखने की कला सिखाते हुए इसका अभ्यास करवाती थी और तैयार में रचनाओं का मेरे संपादन में शब्द-शक्ति और हिन्दीनामा पत्रिका में प्रकाशित होता था।

सच्चाई यह है कि विश्व भर में हिन्दी अपनी शक्ति से विश्वभर की हो गया है। सम्पूर्ण विश्व में हिन्दी मानवीय मूल्यों की भाषा के रूप में विकसित हुई है। मानवता के कल्याण के लिए उसका प्रचार-प्रसार भारत सहित विश्व के अन्य देशों के हित में है अन्त में प्योत्तर वायन्तिकोव के शब्दों में कहें कि जो लोग हिन्दी को कठिन भाषा मानते हैं। वे हिन्दी से परिचित नहीं है। हिन्दी विश्वात्मा है। विश्व संरक्षण की मातृभाषा है। वह पृथ्वी और पर्यावरण के संरक्षण की वाणी है वह पृथ्वी के मातृत्व की शक्ति को उद्घोषित करने वाली भाषा है। वह पूरे विश्व को आध्यात्मिक रूप से जोड़ने वाली विश्व शान्ति के भाव मे पगी हुई विश्व की बहुभाषी इकलौती भाषा है। हिन्दी के कारण पूरे विश्व में भारत बसा हुआ है। हम भारतीय-वस्तुतः हिन्दी और भारतीय संस्कृति के प्रभुत्व के कारण विश्व में बसे हुए हैं। हिन्दी-वैश्विक हो चुके नागरिकों के सम्पर्क और संवाद की अपनी भाषा है।

सातवाँ विश्व हिन्दी सम्मेलन के सफल संयोजन और सार्थक सफलता के बाद मुझमें इस आयोजन की संरचना को लिखने लगी। यह सोचकर कि अन्य

सम्मेलनों की तरह कहीं यह सब भी विस्मृति के गर्त में न सिमट जाये।

इस क्रम में मुझमें यह भी इच्छा जगी कि सूचीनामी हिन्दुस्तानियों के बीच हिन्दी और सरनामी का अस्तित्व बचाने में सक्षम सूरीनाम हिन्दी परिषद का इतिहास और इसके कार्यान्वयन की प्रणाली भी शब्द बद्ध कर दूँ जिससे आगामी पीढ़ी के समक्ष भारतीय संस्कृति और हिन्दी भाषा को जिलाये और जलाये रखने का उल्लास बचा रहे। सूरीनाम हिन्दी परिषद के साथ-साथ इसे सातवें विश्व हिन्दी सम्मेलन कई दस्तावेजी सूचनाएँ हैं जो भाव सम्मेलनों के लिए मार्गदर्शक और सहायक सिद्ध हो सकता है।

कैरेबियाई देशों में हिन्दी शिक्षा ओर सूरीनाम हिन्दी परिषद शीर्षक से इस पुस्तक को मैंने उस समय पूरे विश्व में हिन्दी की अलख जगाने वाले देश के प्रधानमंत्री स्व. अटल बिहारी वाजपेयी जी को उनकी कविता 'जंग न होने देंगे' के अंग्रेजी अनुवाद सहित समर्पित की। पुस्तक के प्रकाशन की प्रति जब उन्हें भिजवायी तो सूरीनाम के डिप्लोमैटिक बैग में प्रधानमंत्री जी को पत्र मेरे नाम आया। मेरे लिए ईश्वरीय वरदान की तरह उनका पत्र था। जिसने विदेश में भी मुझे स्वदेश के घर का सुख की अनुभूति दी। और लगा मैं विदेश में नहीं बल्कि स्वदेश स्वदेश के घर में दूँ और मेरे संरक्षक ने आशीष पत्र देकर मुझे घर में होने की दुर्लभ अनुभूति दे दी है।

आज, पूरा विश्व हिंसा की चपेट में है। सत्ताशाही ही अपने दम्भ में उलझकर पूरे देश को हिंसा की अग्नि में झोंक दे रहे हैं। इसके साथ-साथ हर व्यक्ति भी अपने स्वार्थों और लोभवश स्वयं से जंग छेड़े हुए। स्वयं से की जाने वाली जंग ही आगे चलकर समाज पड़ोस से होते हुए है राष्ट्र और अन्य देशों से टकराती है। इस कविता को पुस्तक का शर्षिक देने का बहुआयामी लक्ष्य यह भी है कि स्वयं से भी न की जाये। भाषा के माध्यम से जंग रोकने का प्रयास किया जाये, जिस तरह सूरीनाम देश के हिन्दुस्तानियों द्वारा हिन्दी-सरनामी भाषाई संस्कृति से अहिंसा का वातावरण बना हुआ है। सम्पूर्ण विश्व में हिन्दी भाषा की 'जंग नहीं होने देंगे' कविता ने अहिंसा की अलख जगायी है यह कविता की शक्ति है और अटल जी की कविता की शक्ति है।

संकलन और संपादन
प्रो.पुष्पिता अवस्थी
चिंतक, विचारक

अटल की रचना धर्मिता

राजपथ पर भीड़, जनपथ पड़ा सूना,
पलटनों का मार्च, होता शोर दूना।
शोर से डूबे हुए स्वाधीनता के स्वर,
रुद्ध वाणी, लेखनी जड़, कसमसाता डर।
भयातंकित भीड़, जन अधिकार वंचित,
बन्द न्याय कपाट, सत्ता अमर्यादित।
लोक का क्षय, व्यक्ति का जयकार होता,
स्वतंत्रता का स्वप्न रावी तीर रोता।
रक्त के आंसू बहाने को विवश गणतंत्र,
राजमद ने रौंद डाले मुक्ति के शुभ मंत्र।
क्या इसी दिन के लिए पूर्वज हुए बलिदान?
पीढ़ियां जूझीं, सदियों चला अग्नि-स्नान?
स्वतंत्रता के दूसरे संघर्ष का घननाद,
होलिका आपात् की फिर मांगती प्रहलाद।
अमर है गणतंत्र, कारा के खुलेंगे द्वार,
पुत्र अमृत के, न विष से मान सकते हार।

अटल जी ने आपातकाल के दौरान, 1975 में 'अमर है गणतंत्र' नाम से उपर्युक्त कविता की रचना की थी। कवि के रूप में उनकी पहली कविता 1939 में – 'कवित आज सुना वह गान रे' – शीर्षक से ग्वालियर के विक्टोरिया कॉलेजियट हाई स्कूल की कॉलेज पत्रिका में प्रकाशित हुई थी। (पाठक यह कविता पृष्ठ 19 पर पढ़ें।) जब वे कक्षा नौ के छात्र थे। लेखक के रूप में उनके ज्वलंत और तथ्यपरक् विचार सबसे पहले लखनऊ से प्रकाशित मासिक 'राष्ट्रधर्म' के माध्यम से, फिर साप्ताहिक 'पांचजन्य' द्वारा

तदुपरांत 'दैनिक स्वदेश' और 'वीर अर्जुन' द्वारा हमें मिलते रहे हैं। स्वतंत्रता संग्राम से लेकर आज तक के उनके भाषण, उनके विचार, उनके व्याख्यान भी उनके लेखक और कवि मस्तिष्क की उपज हैं, जो ऐतिहासिक दस्तावेज़ के रूप में हमारी थाती हैं।

संसद में तीन दशक

3 मार्च, 1993 को, 'ससंद में तीन दशक' नाम से अटल जी के भाषणों के तीन खंडों का विमोचन हुआ। इनमें अटल जी के गत् 40 वर्षों के राजनीतिक जीवन और लोकसभा तथा राज्यसभा में उन्होंने जिन समस्याओं को उठाया, वे विचार दर्ज हैं। लोकसभा के तत्कालीन अध्यक्ष शिवराज पाटिल ने नई दिल्ली में इनका विमोचन करते हुए कहा कि 'जब वे छात्र थे, अटल जी का भाषण सुनने कक्षा छोड़कर आया करते थे। वे उच्च कोटि के वक्ता के साथ-साथ अनुशासित, अध्ययनशील तथा मर्यादावान आदर्श सांसद भी हैं। उनकी भाषा में गंगा जैसी निर्मलता है।' इस अवसर पर समारोह में मौजूद सर्वश्री चन्द्रशेखर, लालकृष्ण आडवाणी, रविराय और विद्यालय शुक्ल आदि ने भी अटल जी के राजनीतिक जीवन से जुड़े अनेक रोमांचक संस्मरण सुनाए। इनका सम्पादन अटल जी के करीबी मित्र एन.एम. घटाटे ने किया।

मेरी इक्यावन कविताएं

13 अक्टूबर, 1995 का दिन। स्थान - फिक्की सभागार, नई दिल्ली। अटल जी, तत्कालीन प्रधानमंत्री पी.वी. नरसिम्हा राव, डॉ. विद्यानिवास मिश्र, डॉ. चंद्रिका प्रसाद शर्मा, डॉ. शिवमंगल सिंह 'सुमन', डॉ. लक्ष्मीमल सिंघवी, आर.एस.एस. के श्री के.सी. सुदर्शन, श्री लालकृष्ण आडवाणी, डॉ. मुरली मनोहर जोशी, मदनलाल खुराना आदि विशिष्ट अतिथियों की मौजूदगी।

अवसर था, अटल जी के काव्य संग्रह 'मेरी इक्यावन कविताएं' पुस्तक के लोकार्पण का। दीप प्रज्वलित कर श्री नरसिम्हा राव ने समारोह का औपचारिक शुभारंभ किया। प्रख्यात साहित्यकार डॉ. विद्यानिवास मिश्र ने पुस्तक का लोकर्पण किया और उसकी पहली प्रति प्रधानमंत्री पी.वी. नरसिम्हा राव को भेंट की। इस अवसर पर अपने भाषण की शुरुआत करते हुए श्री राव ने कहा - "अटल जी मेरे नए गुरु हैं...।" तो हॉल करतल ध्वनि से गूंज उठा। तालियों का शोर थमा तो श्री राव आगे बोले :

"एक दिन पार्लियामेंट के सेंट्रल हॉल में चन्द्रशेखर जी ने अटल जी को गुरुजी कहकर सम्बोधित किया। उसी क्षण मुझे ऐसा लगा कि मेरा जीवन तो

यों ही बीत गया। मैंने किसी को अपना गुरु नहीं बनाया। कहा जाता है कि गुरु के बिना शिक्षा पूरी नहीं होती इसलिए तभी से मैंने भी अटल जी को अपना गुरु बना लिया। इस तरह मैंने निगुरा होने के कलंक को धो लिया।

मैं पिछले बीस वर्षों से अटल जी के बेहद करीब रहा हूं, इंचों करीब नहीं, गज़ों करीब। मैंने अटल जी को सदैव अपना समानधर्मा पाया है। उनके व्यक्तित्व में कुछ ऐसा है, जो हमें बांधता है, दूर नहीं जाने देता इसलिए मैं अटल जी को सुनते ही रहना चाहता हूं। कभी-कभी संसद में वे ऐसी जली-कटी सुनाते हैं कि हम तिलमिला जाते हैं। मगर उनका सौहार्द छुपाए नहीं छुपता। उनका भाषण रौद्र होते हुए भी शांत रस का आभास देता है, क्योंकि उनके दिल में कठोरता नहीं है। अपनी संवेदनशीलता के कारण हमारे पक्ष के सदस्यों को भी अटल जी बहुत पसंद हैं इसलिए हम लोगों के लिए वे विपक्ष के सबसे अच्छे नेता हैं। उनकी कविता की एक पंक्ति 'इतना काफी है/ अंतिम दस्तक पर/खुद दरवाजा खोलूं' मुझे रुला देती हैं।''

इस अवसर पर डॉ. शिवमंगल सिंह 'सुमन' भी बोले। वे डी.ए.वी कॉलेज, कानपुर में हिन्दी के प्राध्यापक थे, तब अटल जी भी छात्र के रूप में वहां अध्ययनरत थे और उनका बड़ा आदर करते थे। श्री 'सुमन' ने अटल जी को ऐसा संवेदनशील कवि बताया जो संघर्षशील योद्धा भी है, जो चुनौतियां भी देता है और विद्रोह भी करता है।

डॉ. विद्यानिवास मिश्र ने कहा कि अटल जी की वाणी व लेखनी दोनों पर सरस्वती विराजी हैं। इस अवसर पर श्री सुदर्शन ने अटल जी की कविताओं का पाठ भी किया, जिसे श्रोताओं ने बहुत पसंद किया। डॉ. लक्ष्मीमल सिंघवी ने अटल जी की कविताओं को रसपूर्ण और संवेदनशक्ति से भरपूर बताया।

अटल जी की पुस्तक 'मेरी इक्यावन कविताएं' का संकलन व सम्पादन अवध विश्वविद्यालय, लखनऊ से जुड़े साहित्यकार डॉ. चंद्रिकाप्रसाद शर्मा ने किया। इससे पूर्व उनकी 41 चुनिंदा कविताएं 'अमर आग है' नाम से आचार्य विष्णुकांत शास्त्री के संपादन में श्री बड़ा बाजार कुमार सभा पुस्तकालय, कोलकाता से प्रकाशित हुईं। 'जंग न होने देंगे' शीर्षक से उनकी कविताओं की एक कैसेट भी बनी है।

इस विमोचन समारोह के अंत में श्री अटल बिहारी वाजपेयी ने आभार व्यक्त करते हुए कहा :

''मुझे आभार प्रदर्शन करने के लिए कहा गया है। मैं क्या कहूं? मैंने कभी नहीं सोचा था कि मेरी कविताओं की संख्या इक्यावन पहुंच जाएगी। लंदन में

श्री सिंघवी जी ने अपने निवास पर एक काव्य-संध्या का अयोजन किया, जिसमें मुझे कवि-रूप में मान्यता मिली। मुझे याद है कि जो कविताएं मैंने पढ़ीं वे सोलह-सत्रह ही थीं। लता जी की उपस्थिति ने कार्यक्रम को सुहावना बना दिया था। आपातकाल के समय की मेरी कुण्डलियों को मेरे मित्र श्री दीनानाथ मिश्र ने संपादित करके प्रकाशित कराया, तब मैं मंत्री था। मंत्री को प्रकाशक मिल जाते हैं, औरों को तो ग्राहक भी मिलना मुश्किल हो जाता है।

मैं सोचता हूं कि मेरी इन कविताओं को कौन छापेगा? प्रो. विष्णुकांत जी ने कलकत्ता में 'एक शाम' का आयोजन किया। मैंने कविताएं पढ़ीं। उन कविताओं की संख्या 25-30 से ज्यादा नहीं थी। लखनऊ के डॉ. चन्द्रिकाप्रसाद शर्मा 51 कविताएं इकट्ठी करने में सफल हुए। मुझे लगता है, कुछ कविताएं इधर-उधर और फैली पड़ी होंगी। अपनी कविताओं को सहेजकर न रखने का दोष मेरा है। मैंने कभी ज्यादा चिंता नहीं की। अब मेरी कविताएं पुस्तक के रूप में आ गई हैं। आलोचक अपनी कसौटी पर कसेंगे। इस मंच की कही गई अधिकांश बातें मैं सुन नहीं सका। केवल भावार्थ ग्रहण किया है। मुझे डॉ. सुमन जी का आशीर्वाद मिला है। एक विद्यार्थी के रूप में मैंने उनसे प्रेरणा पाई। कवि-सम्मेलनों में भी उनके साथ रहा। मेरी 'अमर आग' कविता उन्हीं की प्रेरणा से लिखी गई। यदि छात्र के रूप में मुझसे कभी कोई त्रुटि हो गई हो, तो मैं सार्वजनिक रूप से क्षमा मांगता हूं। भले अब मैं कॉलेज का छात्र न हूं, लोकतंत्र की पाठशाला का विद्यार्थी तो हूं ही।

श्री नरसिम्हा राव जी, मैं उनके नाम के साथ पद का उल्लेख नहीं कर रहा हूं, ने अस्वस्थता के बावजूद इस कार्यक्रम में अपनी उपस्थिति से कार्यक्रम को गौरव प्रदान किया है। उनकी भूमिका एक साहित्यकार की भूमिका है। उन्होंने जो कुछ अभी तक लिखा है, वह प्रकाशित नहीं हुआ, भाषणों के रूप में ही है। उस दिन श्री नरेन्द्र मोहन जी की पुस्तक के लोकार्पण के कार्यक्रम में उनको एक साहित्यकार के रूप में सुनने का अवसर मिला था। यह कोई प्रधानमंत्री और प्रतिपक्ष के नेता का मिलन नहीं है। यह तो साहित्य संगम है। यहां हृदय की बातें होती हैं। राजनीति अस्थिर है, चंचल होती है, यह समयसापेक्ष होती है और साहित्य कालनिरपेक्ष होता है, वह कालविजयी होता है।

श्री चन्द्रशेखर जी मुझे गुरुजी कहते हैं। मैं कहता हूं, गुरु तो गुरु रह गए, चेला शक्कर हो गए। आज गुरु की आवश्यकता नहीं है, गुरुघंटाल की आवश्यकता है।''

सभी दलों की एकमात्र पसंद - अटल जी

राकेश गुप्ता

श्री अटल बिहारी वाजपेयी के साथ राष्ट्रीय एडवर्टाइजिंग एर्जेसी के निदेशक श्री दिनेश गुप्ता एवं श्री राकेश गुप्ता

कभी कहकहे और तालियाँ, तो कभी एकदम गंभीर मुद्रा। कहीं चिलचिलाती धूप में घंटों इंतज़ार तो कहीं मूसलाधार वर्षा के बाद भी पूर्ण तन्मयता से बैठे हजारों श्रोता। सच में लालू प्रसाद यादव के किले की दीवारें श्री अटल बिहारी वाजपेयी के 2 दिन के दौरे से चरमरा गई हैं। बिहार में बेगूसराय, बाढ़, धनबाद, जमशेदपुर, पटना आदि में विशाल जनसमूह ने जिस आत्मीयता से अटल जी के चिरपरिचित शैली के भाषण सुने, उनसे स्पष्ट दिख रहा था कि मतदाता गुंडाराज, भ्रष्टाचार से छुटकारा पाने के लिए भाजपा-समता पार्टी गठबन्धन को पूर्ण समर्थन देंगे। 23-24 अप्रैल को अटल जी के बिहार दौरे में 7 सीटर चार्टर्ड प्लेन में कुछ पत्रकारों के साथ मुझे भी जाने का मौका मिला था। अटल जी की बातचीत में आगामी चुनावों में स्पष्ट बहुमत का पूर्ण आत्मविश्वास झलकता था।

अपने धाराप्रवाह भाषण में उन्होंने कहा "दिल्ली में अंधेर है और बिहार में अंधेरा...", "कांग्रेस ने देश की बहुत सेवा कर ली। सौ साल हो गए। अब वह पेंशन की हकदार है . . .", "महात्मा गांधी चाहते थे कि आज़ादी के बाद कांग्रेस भंग हो जाए। श्री राव उनकी बात मानकर ही कांग्रेस को समाप्त करने में लगे हैं ...." उन्होंने विश्वास व्यक्त किया कि देश में त्रिशंकु संसद का खतरा नहीं है। जनता स्थिर और ईमानदार सरकार चाहती है।

क्या आपकी उदारवादी छवि तथा करिश्माई व्यक्तित्व चुनाव बाद ही दृश्य को बदल देगा? श्री वाजपेयी ने कहा - मुझे लगभग हर पार्टी में पसंद किया जाता है। चुनाव बाद अगर ऐसी परिस्थितियाँ बनीं तो विभिन्न दलों से समर्थन लिया जा सकता है। क्या भाजपा के समर्थन से श्री नरसिंह राव के नेतृत्व में सांझा सरकार बन सकती है ताकि रामो-वामो को बाहर रखा जा सके? श्री वाजपेयी ने इसे कपोल कल्पना निरूपित किया। श्री राव और भा.ज.पा. के बीच किसी भी तरह के सहयोग की संभावना से उन्होंने स्पष्ट इंकार किया।

प्रश्न : अब लगभग चुनाव की तस्वीर साफ होने लगी है। आप किस आधार पर यह कह रहे हैं कि भाजपा की सरकार बनेगी?

अटल जी : भाजपा पूरे विश्वास के साथ चुनाव मैदान में उतरी है। दूसरी तरफ अन्य पार्टियाँ बँटी हुई हैं, गफलत में हैं तथा आपसी खींचतान चल रही है। टिकट वितरण के समय तो कांग्रेस में बगावत ही हो गई। हिंदी भाषी प्रांतों में तो कांग्रेस मृतप्रायः सी है। सभी प्रमुख नेता कांग्रेस से पलायन कर चुके हैं।

तथाकथित तीसरा मोर्चा भी कहीं नजर नहीं आता। अंतःकलह उसमें भी है। जनता दल भी टूट रहा है। दूसरी तरफ हम एकजुट होकर मैदान में हैं। टिकट वितरण के समय छोटी-मोटी समस्याएँ थी, जिन्हें हल कर लिया गया है। यह बात काबिले गौर है कि कांग्रेस लगभग हर क्षेत्र में अपनी निराशाजनक भूमिका के कारण बदनाम हुई है और वह तेजी से टूट रही है। मैंने पूर्व में भी कहा था कि रामो-वामो किसी भी स्थिति में विकल्प नहीं बन सकते।

अब हम समाज के अधिकाधिक वर्ग तक अपना संदेश अधिक विश्वास के साथ पहुँचाने में सफल हुए हैं। ऐसे हालात में तय है कि भा.ज.पा. अपने प्रतिद्वंद्वियों पर भारी पड़ेगी।

प्रश्न : आमतौर पर यह माना जा रहा है कि चुनाव परिणाम त्रिशंकु संसद को जन्म देंगे। चुनाव बाद का परिदृश्य बड़ा उलझनपूर्ण होगा। अगर भाजपा सबसे बड़ी पार्टी के रूप में सामने आई तो उसकी भूमिका क्या होगी? ऐसे हालात में आपके हमदम कौन होंगे?

अटल जी : मैंने लगभग समूचे देश का दौरा किया है, जनता की नब्ज भांपी है। मुझे लगा कि जनता परिवर्तन के पक्ष में है। ऐसी स्थिति में मुझे पूरा यकीन है कि मेरी पार्टी ही जीतेगी।

उपरोक्त साक्षात्कार 22.4.1996 को दैनिक पंजाब केसरी, नई दिल्ली में प्रकाशित हुआ था।

सभी दलों की एकमात्र पसंद–अटल जी

राकेश गुप्ता

कभी कहकहे और तालियां, तो कभी एकदम गंभीर मुद्रा। कहीं चिलचिलाती धूप में घंटों इंतज़ार तो कहीं मूसलाधार वर्षा के बाद भी पूर्ण तन्मयता से बैठे हजारों श्रोता। सच में लालू प्रसाद यादव के किले की दीवारें श्री अटल बिहारी वाजपेयी के 2 दिन के दौरे से चरमरा गई हैं। बिहार में बेगूसराय, बाढ़, धनबाद, जमशेदपुर, पटना आदि में विशाल जनसमूह ने जिस आत्मीयता से अटल जी के चिर-परिचित शैली के भाषण सुने, उनसे स्पष्ट दिख रहा था कि मतदाता गुंडाराज, भ्रष्टाचार से छुटकारा पाने के लिए भाजपा-समता पार्टी गठबन्धन को पूर्ण समर्थन देंगे। **23-24 अप्रैल को अटल जी के बिहार दौरे में 7 सीटर चार्टर्ड प्लेन में कुछ पत्रकारों के साथ मुझे भी जाने का मौका मिला था। अटल जी की बातचीत में आगामी चुनावों में स्पष्ट बहूमत का पूर्ण आत्मविश्वास झलकता था।**

अपने धाराप्रवाह भाषण में उन्होंने कहा, 'दिल्ली में अंधेर है और बिहार में अंधेरा...,' 'कांग्रेस ने देश की बहुत सेवा कर ली। सौ साल हो गए। अब वह पेंशन की हकदार है–...', 'महात्मा गांधी चाहते थे कि आजादी के बाद कांग्रेस भंग हो जाए। श्री राव उनकी बात मानकर ही कांग्रेस को समाप्त करने में लगे हैं ...' उन्होंने विश्वास व्यक्त किया कि देश में त्रिशंकु संसद का खतरा नहीं है। जनता स्थिर और ईमानदार सरकार चाहती है।

क्या आपकी उदारवादी छवि तथा करिश्माई व्यक्तित्व चुनाव बाद ही दृश्य को बदल देगा? श्री वाजपेयी ने कहा 'मुझे लगभग हर पार्टी में पसंद किया जाता है। चुनाव बाद अगर ऐसी परिस्थितियां बनीं तो विभिन्न दलों से समर्थन लिया जा सकता है। क्या भाजपा के समर्थन से श्री नरसिंह राव के नेतृत्व में साझा सरकार बन सकती है ताकि रामो–वामो को बाहर रखा जा सके? श्री वाजपेयी ने इसे कपोल कल्पना को निरूपित किया। श्री राव और भा.ज.पा. के बीच किसी भी तरह के सहयोग की संभावना से उन्होंने स्पष्ट इंकार किया।

प्रश्न : अब लगभग चुनाव की तस्वीर साफ होने लगी है। आप किस आधार पर यह कह रहे हैं कि भाजपा की सरकार बनेगी?

अटल जी: भाजपा पूरे विश्वास के साथ चुनाव मैदान में उतरी है। दूसरी तरफ अन्य पार्टियां बंटी हुई हैं, गफलत में हैं तथा आपसी खींचतान चल रही है। टिकट वितरण के समय तो कांग्रेस में बगावत ही हो गई। हिंदी भाषी प्रांतों में तो कांग्रेस मृतप्राय: सी है। सभी प्रमुख नेता कांग्रेस से पलायन कर चुके हैं।

तथाकथित तीसरा मोर्चा भी कहीं नजर नहीं आता। अंत:कलह उसमें भी है। जनता दल भी टूट रहा है। दूसरी तरफ हम एकजुट होकर मैदान में हैं। टिकट वितरण के समय छोटी–मोटी समस्याएं थीं, जिन्हें हल कर लिया गया है। यह बात काबिले गौर है कि कांग्रेस लगभग हर क्षेत्र में अपनी निराशाजनक भूमिका के कारण बदनाम हुई है और वह तेजी से टूट रही है। मैंने पूर्व में भी कहा था कि रामो–वामो किसी भी स्थिति में विकल्प नहीं बन सकते।

अब हम समाज के अधिकाधिक वर्ग तक अपना संदेश अधिक विश्वास के साथ पहुंचाने में सफल हुए हैं। ऐसे हालात में तय है कि भाजपा अपने प्रतिद्वंद्वियों पर भारी पड़ेगी।

प्रश्न : आमतौर पर यह माना जा रहा है कि चुनाव परिणाम त्रिशंकु संसद को जन्म देंगे। चुनाव बाद का परिदृश्य बड़ा उलझनपूर्ण होगा। अगर भाजपा सबसे बड़ी पार्टी के रूप में सामने आई तो उसकी भूमिका क्या होगी? ऐसे हालात में आपके हमदम कौन होंगे?

अटल जी : मैंने लगभग समूचे देश का दौरा किया है, जनता की नब्ज भांपी है। मुझे लगा कि जनता परिवर्तन के पक्ष में हैं ऐसी स्थिति में मुझे पूरा यकीन है कि मेरी पार्टी ही जीतेगी।

–राकेश गुप्ता

rg@sadhna.com

अटल जी के अटल मानवीय और राष्ट्रीय मूल्य

इस पुस्तक के प्रकाशन के समय छात्र जीवन के दिनों की याद आने लगी। जब मैं अपने चाचाजी के साथ दिल्ली में जहाँ-तहाँ अटल जी के भाषण सुनने जाया करता था। अटलजी का भाषण सुनने हम लोग दो तीन घंटे पहले पहुंच जाते, ताकि बैठने या खड़े होने की ठीक-ठाक सी जगह मिल जाए। मैं एक व्यवसायिक परिवार से था और हम सबको सदा से ही अटल जी भाते थे। उनके विचार, उनके भाषण और वाक्य अनोखे होते थे। उनमें एक नयी सोच होती थी।

देश में स्वतंत्रता के बाद कई दशकों तक निरंतर कांग्रेसी सरकारें रहीं। कांग्रेस की खासियत थी कि उसने अभिव्यक्ति के सभी साधनों पर अपना कब्जा बनाये रखा और कांग्रेसी नेताओं के अतिरिक्त किसी के विचारों को जनता तक आसानी से नहीं पहुंचने दिया। इसके 1960 के बाद के दस सालों में सत्ता की कोशिशों के बावजूद अटलजी के विचारों की ऊर्जा, ऊष्मा और साख मुँहजुबानी ही ऐसे फैलती जा रही थी जैसे अखबारों, रेडियो और आज के युग में टेलिविजन के बावजूद किसी भी मामले में जनमत फैलते देर नहीं लगती है।

अटल जी के भाषणों में भी एक लयबद्धता और सुनिश्चित प्रयोगधर्मिता का प्रवाह सा होता था। वह अक्सर अपने भाषणों में रामायण-महाभारत तथा भगवतगीता के उद्धरण भी सुनाया करते थे। उनका एक भाषण मैंने पहली बार 1966 में करोलबाग की एक जनसभा सुना था उन्होंने कहा था, **'भगवतगीता केवल एक पुस्तक नहीं है। यह सर्वकालिक बहुमूल्य जीवन सिद्धांतों का खजाना है। सबके लिए है। हमेशा के लिए है। गीता जीवन के तीन मूलभूत प्रश्नों का उत्तर देती है। हम क्या हैं? हमें क्या करना चाहिए? और हमें जीवन कैसे बिताना चाहिए?'**

अटलजी के भाषण सरस, मार्मिक, बेचौन करनेवाले और बेबाक हुआ करते थे। वर्तमान भारतीय जनता पार्टी को आरम्भ में जनसंघ के रूप में जाना जाता था। जनसंघ की विचारधारा प्रखर, स्पष्ट और स्पष्टतः हिंदुत्ववादी होती थीं। संघ के प्रभाव के कारण स्पष्टतः **आरम्भ से ही अटल जी की सोच राष्ट्रवादी, मानवतावादी और समन्वयवादी थी। पांच दशक तक प्रतिपक्ष की राजनीति**

करने के बावजूद अटल जी के भाषणों या लेखों में कभी किसी प्रकार की कटुता दिखाई नहीं पड़ी।

जब हम जूनियर छात्र थे, तब अटल जी ग्वालियर के विक्टोरिया कालेज अब लक्ष्मीबाई कालेज में बीए कर रहे थे, तब भी उनकी गणना प्रमुख छात्रों में हुआ करती थी। **वे छात्र संघ के मंत्री एवं उपाध्यक्ष पदों पर भी रहे। वाद-विवाद प्रतियोगिताओं में वह तब भी सदा जीतते थे। जाहिर है अटल जी के भाषणों में आरम्भ से ही ओज और चुम्बकत्व रहा होगा।**

यहां मैं कुछ ऐसी बातें भी बताना चाहूंगा जो इस पुस्तक में नहीं हैं। एक बार इलाहाबाद विश्वविद्यालय में राष्ट्रीय वाद-विवाद प्रतियोगिता में अटल जी ट्रेन लेट होने के कारण, प्रतियोगिता समाप्त होने पर पहुँचे। उस समय निर्णायक मंडल फैसला देने की तैयारी कर रहा था। अवसर हाथ से निकलने पर परेशान हुए बिना ही अटल जी ने अपनी ट्रेन लेट होने की बात वाद- विवाद समिति के अध्यक्ष को बताई। समिति ने विचारोपरांत उन्हें बोलने की इजाजत दे दी। उस प्रतियोगिता में अटल जी ने अपनी विशिष्ट काव्यात्मक शैली में इतना निखरा, संतुलित और शानदार भाषण दिया कि प्रथम पुरस्कार मिला।

विश्वविद्यालयी जीवन में ही एक बार भाषण प्रतियोगिता का विषय था, **'हिन्दी राष्ट्रभाषा होनी चाहिए'। अटल जी विषय के पक्ष में बोलने वाले थे परन्तु उनका साथी जो हिन्दी की जगह हिन्दुस्तानी भाषा के बारे में बोलने वाला था उसने अचानक ही कहा, 'अटल, मैं तो विषय के पक्ष में बोलने की तैयारी करके आया था अब क्या करूं।' इस पर बिना हिचके ही अटल जी ने कहा, 'कोई बात नहीं, आप हिंदी के पक्ष में बोलिए।' इसके बाद, अटल जी बिना किसी तैयारी के हिंदी भाषा के विरुद्ध बोले। हिंदी के मुकाबले हिन्दुस्तानी को राष्ट्रभाषा बनाने के पक्ष में तर्कों की उनकी प्रस्तुति और संभाषण शैली इतनी अद्‌भुत थी कि उस प्रतियोगिता में भी वह प्रथम आये।**

संयोग देखिये उस प्रतियोगिता में अटल जी ने कहा था, **'जिस हिंदी को हम आज देख-सुन-बोल रहे हैं, उसमें युग परिवर्तनों के अनुरूप अन्य भाषाओं के शब्दों का भी समावेश होता आया है। अन्य भाषाओं और आधुनिक तकनीकी, वैज्ञानिक एवं विधिक के शब्दों के आने से हिंदी का स्वरुप विशुद्ध भले ही नहीं रहा है परन्तु आधुनिक हिंदी पहले से अधिक स्वीकार्य हो गयी है। यह हिंदी भारतीय संस्कृति के वर्तमान गंगा-यमुनी स्वरुप का**

दर्पण है। यही हिन्दुस्तानी भाषा है जो हमारी संपर्क भाषा बनती जा रही है। यह वह हिंदी है जो प्रतिबंधों से स्वतंत्र है और यह ही हिंदी का स्वर्णिम भविष्य है।' रोचक तथ्य यह है कि पिछले कुछ ही दशकों में कंप्यूटर, विज्ञान, पत्रकारिता और आधुनिक परम्पराओं के इतने अधिक शब्द हिंदी में आ गए हैं कि अटलजी की इत्तेफाकिया की गयी भविष्यवाणी भी सार्थक हो गयी है।

अटल जी के विचार किसी एक वर्ग विशेष और कालखंड तक ही सीमित नहीं रहे बल्कि सदा प्रासंगिक रहे हैं। उन्होंने सदा ही अपनी पीढ़ी के साथ ही अगली पीढ़ी को भी प्रेरणा दी। **उनके विचारों में संकीर्णता, क्षेत्रवाद, जातिवाद और भाषाई दुराग्रह कभी नहीं रहे। सर्वधर्म समरसता उनके विचारों में सर्वोपरि रहे।**

प्रधानमंत्री के रूप में एक अवसर पर अटल जी ने पार्टी कार्यकर्ताओं से कहा था, **'राजनीति का वास्तविक उद्देश्य जन समस्याओं का स्थायी समाधान, क्षेत्रीय विकास असमानताओं को दूर करना और बिना भेदभाव के जनता का जीवन स्तर उठाना है।'**

पार्टी में भी अटलजी ने सदा लोकतांत्रिक प्रणाली को वैचारिक और संगठनात्मक, दोनों स्तर पर प्रोत्साहन दिया। **जब वे अध्यक्ष बने तो उन्होंने देश में गांधीवादी समाजवाद का नारा दिया। उन्होंने ही पार्टी में अल्पसंख्यकों के लिए दरवाजे खोले।** अपने आलोचकों को भी उन्होंने पार्टी-पदों पर प्रतिष्ठित किया। पार्टी के आंतरिक विवादों में उन्होंने सदा निष्पक्ष निर्णायक की भूमिका निभाई। अटल जी ने अपने विरोधियों की कभी सार्वजनिक आलोचना तक नहीं की।

आरंभिक जीवन में अटल जी प्रायः कवि सम्मेलनों में भी जाने का मौका निकालते थे, परन्तु इन अवसरों पर वह कभी भी अपनी सीमा रेखा से बाहर नहीं निकलते थे। कवि सम्मेलन का समां कैसा भी हो। चाहे हास्य कवि हावी हों या रोमांस की रचनाओं का माहौल हो। **अटल जी तो सदा वीरता और ओज की कविताएं ही सुनाते थे। उनके भाषणों की तरह उनकी रचनाओं में भी राष्ट्र चिंतन, स्वाभिमान, न्याय, पर्यावरण की रक्षा, सद्भाव, मानवता-हित और सभी के लिए खुशहाली की सोच ही मुख्य भाव रहती थी।** प्रसंगवश यह भी बताना चाहूंगा कि कालेज जीवन में, मैंने अनेक छात्र नेताओं को अटलजी की भाषण शैली की नकल करते हुए भी देखा था।

मनसा-वाचा-कर्मणा राष्ट्र सेवा को सर्वोपरि मानने वाले अटलजी ने 1980-90 के दशक में ही भारत को इक्कीसवीं सदी में ले जाने की चर्चा

शुरू की। उनके नेतृत्व में ही भारत ने स्वाधीनता के 50वें वर्ष में परमाणु क्षमता सम्पन्न देश होने का गौरव हासिल किया। निराशा की चरम स्थिति में भी अटल जी के भाषणों में ओजस्विता का कभी क्षरण नहीं होता था। **अटल जी के नेतृत्व में बीजेपी ने 1996 में पहली बार केंद्र में सरकार बनाई थी लेकिन बहुमत न जुटा पाने की वजह से 13 दिनों में यह सरकार एक वोट से गिर गई।**

प्रधानमंत्री के तौर पर अपने 13 दिनों के कार्यकाल के बाद इस्तीफा देने से पहले मई, 1996 में उन्होंने लोकसभा में कहा, 'हमारा क्या अपराध है। आज हमें क्यों कठघरे में खड़ा किया जा रहा है? **हमें यह जनादेश ऐसे ही नहीं मिला है। इसके पीछे वर्षों का संघर्ष और साधना है। देश में एक-एक सीटों वाली पार्टियां कुकुरमुत्ते की तरह उग आती हैं। राज्यों में तो वे आपस में लड़ती हैं, परन्तु दिल्ली में आकर एक हो जाती हैं। हम देश की सेवा के कार्य में जुटे रहेंगे। हम आपको विश्वास दिलाते हैं कि जो कार्य हमने अपने हाथों में लिया है, उसे पूरा किए बिना विश्राम नहीं करेंगे।** अध्यक्ष महोदय, मैं अपना त्यागपत्र राष्ट्रपति को देने जा रहा हूं।'

मुझे याद है, हमारा पूरा कार्यालय उनके इस भाषण को सुनने में जुटा हुआ था, कहीं कोई काम नहीं हो रहा था। सबके दिलों पर इस घटना का इतना गहरा असर हुआ कि सभी अनेक दिनों तक शोक में डूबे रहे और क्षेत्रवाद की राजनीति पर चर्चा करते रहे। अटल जी के उस भाषण का असर जनता पर इतना गहरा हुआ कि डेढ़ साल बाद ही वह 1998 और 1999 में देश के प्रधानमंत्री बने।

देश भर में अपनी असाधारण प्रतिभा और राजनीतिक कुशलता से अटल जी ने विश्व के सामने कई आदर्श उपस्थित किये। अपने समस्त संसदीय कार्यकाल में चाहे वह पक्ष में रहे या विपक्ष में, उन्होंने सदा ही कटु विरोध के वातावरण में भी शिष्टाचार, संयम और जन प्रतिनिधियों की मान-मर्यादा का ख्याल रखा। **अटल जी का आर्थिक चिंतन देश की धरती से जुड़ा था। अपने भाषणों में अटल जी ने हमेशा ग्राम विकास, आधुनिक कृषि तकनीकों, कृषि उत्पादन में वृद्धि, कृषक हितों को प्राथमिकता और पंचायत स्तर तक विभिन्न उद्योगों के विकास की हिमायत की।** उनके भाषणों में प्रत्येक आम व्यक्ति की खुशहाली और देश के उज्जवल भविष्य की सोच का कोई ना कोई सूत्र होता ही था। उनकी आर्थिक नीति के साथ ही उनकी विदेश नीति भी भारतीय राजनीति में मील का पत्थर साबित हुई।

खास बात यह भी थी कि पूरे जीवन में तकनीकी और संवैधानिक मुद्दों को छोड़ते हुए कभी भी अटल जी ने पढ़कर भाषण नहीं दिया। समूचे संसदीय कार्यकाल में उन्होंने कागजों का सहारा यदाकदा ही लिया होगा। **इंदिरा गाँधी के समय से कांग्रेसियों ने अटल बिहारी वाजपेयी को हमेशा ही 'गलत पार्टी में सही आदमी'** कहकर सराहा परन्तु उन्होंने उनको कभी कोई राष्ट्रीय सम्मान देने की कोशिश नहीं की। विडंबना है कि 'सही आदमी' को कांग्रेस ने भारतरत्न देने की कोशिश तो दूर, इस मुद्दे पर विचार तक नहीं किया।

नरेन्द्र कुमार वर्मा
डायमंड बुक्स
nk@dpb.in

विषय सूची

काव्य

भाषण

जंग न होने देंगे

हम जंग न होने देंगे
विश्व शान्ति के हम साधक हैं, जंग न होने देंगे!

कभी न खेतों में फिर खूनी खाद फलेगी,
खलिहानों में नहीं मौत की फसल खिलेगी,
आसमान फिर कभी न अंगारे उगलेगा,
एटम से नागासाकी फिर नहीं जलेगी,
युद्धविहीन विश्व का सपना भंग न होने देंगे।
जंग न होने देंगे।

हथियारों के ढेरों पर जिनका है डेरा,
मुँह में शान्ति, बगल में बम, धोखे का फेरा,
कफन बेचने वालों से कह दो चिल्लाकर,
दुनिया जान गई है उनका असली चेहरा,
कामयाब हो उनकी चालें, ढंग न होने देंगे।
जंग न होने देंगे।

हमें चाहिए शान्ति, जिन्दगी हमको प्यारी,
हमें चाहिए शान्ति, सृजन की है तैयारी,

हमने छेड़ी जंग भूख से, बीमारी से,
आगे आकर हाथ बटाए दुनिया सारी।
हरी-भरी धरती को खूनी रंग न होने देंगे।
जंग न होने देंगे।

भारत पाकिस्तान पड़ोसी, साथ-साथी रहना है,
प्यार करें या वार करें, दोनों को ही सहना है,
तीन बार लड़ चुके लड़ाई, कितना महँगा सौदा,
रूसी बम हो या अमेरिकी, खून एक बहना है।
जो हम पर गुजरी बच्चों के संग न होने देंगे।
जंग न होने देंगे।

कवि श्री अटल बिहारी वाजपेयी

काव्य

कदम मिलाकर चलना होगा

बाधाएं आती हैं आएं
घिरें प्रलय की घोर घटाएं,
पावों के नीचे अंगारे,
सिर पर बरसें यदि ज्वालाएं,
निज हाथों में हंसते-हंसते,
आग लगाकर जलना होगा।
क़दम मिलाकर चलना होगा।

हास्य-रुदन में, तूफ़ानों में,
अगर असंख्यक बलिदानों में,
उद्यानों में, वीरानों में,
अपमानों में, सम्मानों में,
उन्नत मस्तक, उभरा सीना,
पीड़ाओं में पलना होगा।
क़दम मिलाकर चलना होगा।

उजियारे में, अंधकार में,
कल कहार में, बीच धार में,
घोर घृणा में, पूत प्यार में,
क्षणिक जीत में, दीर्घ हार में,

क्षणिक जीत में, दीर्घ हार में,
जीवन के शत-शत आकर्षक,
अरमानों को ढलना होगा।
क़दम मिलाकर चलना होगा।

सम्मुख फैला अगर ध्येय-पथ,
प्रगति चिरंतन कैसा इति-अब,
सुस्मित हर्षित कैसा श्रम श्लथ,
असफल, सफल समान मनोरथ,
सब कुछ देकर कुछ न मांगते,
पावस बनकर ढ़लना होगा।
क़दम मिलाकर चलना होगा।

कुश काँटों से सज्जित जीवन,
प्रखर प्यार से वंचित यौवन,
नीरवता से मुखरित मधुबन,
परहित अर्पित अपना तन-मन,
जीवन को शत-शत आहुति में,
जलना होगा, गलना होगा।
क़दम मिलाकर चलना होगा।

फिर से दिया जलायें

भरी दुपहरी में अंधियारा,
सूरज परछाई से हारा,
अन्तरतम का नेह निचोड़े,
बुझी हुई बाती सुलगायें।
आओ फिर से दिया जलायें।

हम पड़ाव को समझें मंजिल,
लक्ष्य हुआ आंखों से ओझल,
वर्तमान के मोहजाल में आने वाला कल न भुलायें।
आओ फिर से दिया जलायें।

आहुति बाकी, यज्ञ अधूरा,
अपनो के विघ्नों ने घेरा,
अंतिम जय का बज्र बनाने नव दधीच हड्डियाँ गलायें।
आओ फिर से दिया जलायें।

कौरव कौन, पांडव कौन

कौरव कौन
कौन पांडव,
टेढ़ा सवाल है।
दोनों ओर शकुनि
का फैला
कूटजाल है।
धर्मराज ने छोड़ी नहीं
जुए की लत है।
हर पंचायत में
पांचाली
अपमानित है।
बिना कृष्ण के
आज
महाभारत होना है,
कोई राजा बने,
रंक को तो रोना है।

दूध में दरार

खून क्यों सफ़ेद हो गया?
भेद में अभेद खो गया।
बँट गये शहीद, गीत कट गए,
कलेजे में कटार दड़ गई।
दूध में दरार पड़ गई।

खेतों में बारूदी गंध,
टूट गये नानक के छंद
सतलुज सहम उठी, व्यथित सी बितस्ता है।
वसंत से बहार झड़ गई
दूध में दरार पड़ गई।

अपनी ही छाया से बैर,
गले लगने लगे हैं ग़ैर,
खुदकुशी का रास्ता, तुम्हें वतन का वास्ता।
बात बनाएँ, बिगड़ गई।
दूध में दरार पड़ गई।

मैंने जनम नहीं मांगा था

मैंने जन्म नहीं मांगा था, किन्तु मरण की मांग करूंगा।
जाने कितनी बार जिया हूँ,
जाने कितनी बार मरा हूं।।
जन्म-मरण के फेरे से मैं, इतना पहले नहीं डरा हूं।

अंतहीन अंधियार ज्योति की, कब तक और तलाश करूंगा।।
मैंने जन्म नहीं मांगा था, किन्तु मरण की मांग करूंगा।

बचपन, यौवन और बुढ़ापा, कुछ दशकों में ख़त्म कहानी।।
फिर-फिर जीना, फिर-फिर मरना, यह मजबूरी या मनमानी?

पूर्व जन्म के पूर्व बसी दुनिया का द्वारचार करूंगा।।
मैंने जन्म नहीं मांगा था, किन्तु मरण की मांग करूंगा।
मैंने जन्म नहीं मांगा था, किन्तु मरण की मांग करुँगा।।

उनकी याद करें

जो बरसों तक लड़े जेल में,
उनकी याद करें।
जो फांसी पर चढ़े खेल में,
उनकी याद करें

याद करे काला पानी को,
अंग्रेजों की मनमानी को।
कोल्हू में जुट तेल पेरते,
सावरकर से बलिदानी को।

याद करें बहरे शासन को,
बम से थर्राते आसन को,
भगतसिंह, सुखदेव, राजगुरू,
के आत्मोसर्ग पावन को।
अन्यायी से लड़े,
दया की मत फरियाद करें।
उनकी याद करें।

कवि आज सुना वह गान रे

कवि आज सुना वह गान रे,
जिससे खुल जाएं अलस पलक।
नस–नस में जीवन झंकृत हो,
हो अंग–अंग में जोश झलक।

ये – बंधन चिरबंधन
टूटें – फूटें प्रासाद गगनचुम्बी
हम मिलकर हर्ष मना डालें,
हूकें उर की मिट जाएं सभी।

यह भूख – भूख सत्यानाशी
बुझ जाय उदर की जीवन में।
हम वर्षों से रोते आए

क्रंदन – क्रंदन चीत्कार और,
हाहाकारों से चिर परिचय।
कुछ क्षण को दूर चला जाए,
यह वर्षों से दुख का संचय।

हम ऊब चुके इस जीवन से,
अब तो विस्फोट मचा देंगे।
हम धू – धू जलते अंगारे हैं,
अब तो कुछ कर दिखला देंगे।

अरे ! हमारी ही हड्डी पर,
इन दुष्टों ने महल रचाए।
हमें निरंतर चूस – चूस कर,
झूम–झूम कर कोष बढ़ाए।

रोटी – रोटी के टुकड़े को,
बिलख–बिलखकर लाल मरे हैं।
इन मतवाले उन्मत्तों ने,
लूट–लूट कर गेह भरे हैं।

पानी फेरा मर्यादा पर,
मान और अभिमान लुटाया।
इस जीवन में कैसे आए,
आने पर भी क्या पाया?

रोना, भूखों मरना, ठोकर खाना,
क्या यही हमारा जीवन है?
हम स्वच्छंद जगत में जन्मे,
फिर कैसा यह बंधन है?

मानव स्वामी बने और
मानव ही करे गुलामी उसकी।
किसने है यह नियम बनाया,
ऐसी है आज्ञा किसकी?

सब स्वच्छंद यहां पर जन्मे,
और मृत्यु सब पाएंगे।

फिर यह कैसा बंधन जिसमें,
मानव पशु से बंध जाएंगे ?

अरे! हमारी ज्वाला सारे
बंधन टूक-टूक कर देगी।
पीड़ित दलितों के हृदयों में,
अब न एक भी हूक उठेगी।

हम दीवाने आज जोश की
मदिरा पी उन्मत्त हुए।
सब में हम उल्लास भरेंगे,
ज्वाला से संतप्त हुए।

रे कवि! तू भी स्वरलहरी से,
आज आग में आहुति दे।
और वेग से भभक उठें हम,
हृदय तंत्री झंकृत कर दे।
वैभव के अमिट चरण-चिह्न
विजय का पर्व!
जीवन संग्राम की काली घड़ियों में
क्षणिक पराजय के छोटे-छोटे क्षण
अतीत के गौरव की स्वर्णिम गाथाओं के
पुण्य स्मरण मात्र से प्रकाशित होकर
विजयोन्मुख भविष्य का
पथ प्रशस्त करते हैं।
अमावस के अभेद्य अंधकार का

अन्तकरण
पूर्णिमा का स्मरण कर
थर्रा उठता है।

सरिता की मँझधार में
अपराजित पौरुष की संपूर्ण
उमंगों के साथ
जीवन की उत्ताल तरंगों से
हँस-हँस कर क्रीड़ा करने वाले
नैराश्य के भीषण भँवर को
कौतुक के साथ आलिंगन
आनन्द देता है।

पर्वतप्राय लहरियाँ
उसे
भयभीत नहीं कर सकतीं
उसे चिन्ता क्या है ?

कुछ क्षण पूर्व ही तो
वह स्वेच्छा से
कूल-कछार छोड़कर आया
उसे भय क्या है ?

कुछ क्षण पश्चात् ही तो
वह संघर्ष की सरिता
पार कर

वैभव के अमिट चरण–चिह्न
अंकित करेगा।

हम अपना मस्तक
आत्मगौरव के साथ
तनिक ऊँचा उठाकर देखें
विश्व के गगन मंडल पर
हमारी कलित कीर्ति के
असंख्य दीपक जल रहे हैं।

युगों के बज्र कठोर हृदय पर
हमारी विजय के स्तम्भ अंकित हैं।
अनंत भूतकाल
हमारी दिव्य विभा से अंकित हैं।

भावी की अगणित घड़ियाँ
हमारी विजयमाला की
लड़ियाँ बनने की
प्रतीक्षा में मौन खड़ी हैं।

हमारी विश्वविदित विजयों का इतिहास
अधर्म पर धर्म की जयगाथाओं से बना है।
हमारे राष्ट्र जीवन की कहानी
विशुद्ध राष्ट्रीयता की कहानी है।

स्वतंत्रता दिवस की पुकार

पन्द्रह अगस्त का दिन कहता, आज़ादी अभी अधूरी है।
सपने सच होने बाक़ी हैं, राखी की शपथ न पूरी है।

जिनकी लाशों पर पग धर कर आजादी भारत में आई।
वे अब तक हैं खानाबदोश ग़म की काली बदली छाई।

कलकत्ते के फुटपाथों पर जो आंधी-पानी सहते हैं।
उनसे पूछो, पन्द्रह अगस्त के बारे में क्या कहते हैं।

हिन्दू के नाते उनका दु:ख सुनते यदि तुम्हें लाज आती।
तो सीमा के उस पार चलो सभ्यता जहाँ कुचली जाती।

इंसान जहाँ बेचा जाता, ईमान ख़रीदा जाता है।
इस्लाम सिसकियाँ भरता है, डॉलर मन में मुस्काता है।

भूखों को गोली नंगों को हथियार पिन्हाए जाते हैं।
सूखे कण्ठों से जेहादी नारे लगवाए जाते हैं।

लाहौर, कराची, ढाका पर मातम की है काली छाया।
पख़्तूनों पर, गिलगित पर है ग़मगीन ग़ुलामी का साया।

बस इसीलिए तो कहता हूं आज़ादी अभी अधूरी है।
कैसे उल्लास मनाऊँ मैं? थोड़े दिन की मजबूरी है।

दिन दूर नहीं खंडित भारत को पुनः अखंड बनाएंगे।
गिलगित से गारो पर्वत तक आजादी पर्व मनाएंगे।

उस स्वर्ण दिवस के लिए आज से कमर कसें बलिदान करें।
जो पाया उसमें खो न जाएं, जो खोया उसका ध्यान करें।

विचार

“भारत वन्दन की भूमि है, अभिनन्दन की भूमि है।
यह तर्पण की भूमि है, अर्पण की भूमि है।
इसका कंकर-कंकर शंकर है। इसका बिन्दु-बिन्दु गंगाजल
है। हम जियेंगे तो इसके लिये, मरेंगे तो इसके लिये।”

“पारस्परिक सहकारिता और त्याग की प्रवृत्ति
को बल देकर ही मानव समाज प्रगति और
समृद्धि का पूरा-पूरा लाभ उठा सकता है।”

“आदमी न ऊँचा होता न नीचा होता है
न बड़ा, न छोटा होता है
आदमी सिर्फ आदमी होता है।”

“वह दिन महत्वपूर्ण होगा जब लोकतन्त्र सार्वभौमिक मानदंड बन जायेगा और जब संयुक्त राष्ट्र संघ लोकतंत्र को अपनी संस्थाओं और क्रियाकलाओं में शामिल कर लेगा।”

"मेरे विचार से अच्छा शासन तभी संभव है जब सरकार मूल्य आधारित हो। दुर्भाग्य से आज की राजनीति में नैतिकता और मूल्यों की कोई पूछ नहीं है। ऐसा केवल भारत में ही नहीं बल्कि समूचे विश्व में है।"

"हमें धर्मराज युधिष्ठिर के उदाहरण से शिक्षा लेनी चाहिये। युद्ध कोई नहीं चाहता मगर दूसरे लोग हम पर युद्ध थोप सकते हैं। धर्मराज युद्ध नहीं चाहते थे उन्होंने युद्ध को टालने का बड़ा प्रयत्न किया, अनुनय-विनय की, शांति के संदेश भेजे, बंटवारा तक मान लिया, द्रोपदी का अपमान सहा लेकिन युद्ध से उनको त्राण नहीं मिला। जो युद्ध से भागता है युद्ध उसके पीछे भागता है और जो युद्ध के सम्मुख हिम्मत करके खड़ा हो जाता है उसका सामना करने को तैयार रहता है, वह अपने अधिकारों की भी रक्षा करता है और शांति की स्थापना करने में भी सफल होता है।"

"हर युद्ध में हम जीते हैं, हर शांति में हम हारे हैं। हम मैदान में जीते हैं, हम मेज पर हारे हैं। हम समझते थे 1971 के बाद शिमला में नया इतिहास लिखा जायेगा। लेकिन जो लिखा गया वह लज्जाजनक इतिहास है।"

"अगर वह चाहते तो उल्टे सीधे तरीके से काफी समय पूर्व प्रधानमंत्री की कुर्सी पर पहुँच चुके होते मगर उन्होंने कभी भी अपने सिद्धान्तों के साथ समझौता नहीं किया। उन्होंने कहा कि सार्वजनिक क्षेत्र में ईमानदारी का होना आवश्यक है।"

"लोकतन्त्र 49 बनाम 51 के आंकड़े का खेल नहीं है, अपितु एक नैतिक व्यवस्था है, एक लोकाचार है। लोकतन्त्र का अर्थ है-बहुमत का शासन, लेकिन जिसमें रचनात्मक प्रतिफल का महत्व हो।"

"लोकतंत्र में काम सही होना चाहिये, इतना ही काफी नहीं है। लोकतंत्र में काम सही तरीके से भी किया जाना चाहिये, इसका बहुत महात्म है। यह साध्य और साधान का सवाल है।"

"हमें जो जिम्मेदारी सौंपी गई है, उसे पूरा करने में हम पीछे नहीं हटेंगे और आप सबको साथ लेकर देश के उज्जवल भविष्य के सपनों को साकार करने की दिशा में बढ़ेंगे।"

"भारत एक महान देश है। हमारी जनता पराक्रमी है। अपने गौरव के लिये बहादुर जनता हर संकट का मुकाबला कर सकती है। इसका हमने इतिहास को बार-बार परिचय दिया है।"

"संयुक्त राष्ट्र की सफलता के लिये यह आवश्यक है कि वह समस्त मानवता का सबल स्वर बन सके और देशों के बीच एक-दूसरे पर अवलम्बित सामूहिक कृति तथा सहयोग का गतिशील माध्यम बन सके।"

"विजय में विनीत और पराजय में आगे रहकर ही हम अपने उद्देश्य की सिद्धि कर सकते हैं।"

"स्वदेशी एक भावना है, एक साधना है जिसे हमें जारी रखना होगा। इसके लिये यह जरूरी है कि हम राष्ट्र का सही अर्थों में निर्माण करने का बीड़ा उठायें। 50 साल में जिन समस्याओं का समाधान हो जाना चाहिए था, गलत नीतियों के कारण वह नहीं हो पाया। हमारे पास लिखने के लिए साफ प्लेट नहीं है, साफ तख्ती नहीं है टेढ़ी-मेढ़ी इबारत लिखी पट्टी हमें मिली है- अब उस पर अच्छे अक्षर लिखना है।"

"हमें हर हालत में स्वतंत्र रहना है। स्वतन्त्रता की अनिवार्य शर्त है- राष्ट्रीय एकता। राष्ट्रीय एकता के लिये लोकतन्त्र जरूरी है। पंजनिरपेक्षता (सेक्युलरवाद) लोकतन्त्र और राष्ट्रीय एकता का अटूट हिस्सा है।"

"मेरे विचार से अच्छा शासन तभी संभव है जब सरकार मूल्य आधारित हो। दुर्भाग्य से आज की राजनीति में नैतिकता और मूल्यों की कोई पूछ नहीं है। ऐसे केवल भारत में ही नहीं बल्कि समूचे विश्व में है।"

"जन-गण-मन शब्द-संगीत वाली रचना भारत का राष्ट्रगान है जिसके शब्दों में सरकार मौके के अनुसार परिवर्तन को अधिकृत कर सकती है और वंदेमातरम् गीत जिसने भारतीय स्वतंत्रता के संघर्ष में ऐतिहासिक भूमिका अदा की है, को जन-गण-मन के साथ ही आदर दिया जायेगा और इसके समान प्रतिष्ठा दी जायेगी।"

"मैं आपको बचन देता हूँ कि हम अपने वायदों को पूरा निभायेंगे। मैं इन सब सपनों को आपके लिये साकार करना चाहता हूँ। अगर हम सपने ही नहीं देखेंगे तो इन सपनों को साकार कैसे करेंगे।"

"लोकतंत्र में काम सही होना चाहिए, इतना ही काफी नहीं है। लोकतंत्र में काम सही तरीके से भी किया जाना चाहिए, इसका बहुत महत्त्व है। यह साध्य और साधन का सवाल है।"

"मेरा विश्वास है कि हमारी राष्ट्रीय और अन्तर्राष्ट्रीय राजनीति में निरन्तर सर्वोच्च स्थान मनुष्य उसके सुख और कल्याण तथा मानव की आधारभूत एकता को मिलाना चाहिए।"

"कभी-कभी मैं ताज्जुब करता हूँ कि आदमी को कितना धन चाहिये। 'सब ठाठ पड़ा रह जायेगा, जब बांध चलेगा बन्जारा।' कुछ बचने वाला नहीं है। लेकिन इस तरह से धन के पीछे लोग पड़े हैं और सत्ता का भी लोभ इसलिए है कि सत्ता की प्राप्ति से धन प्राप्त करना सरल हो जाता है।"

"धरती को बौनों की नहीं,
ऊँचे कद के इंसानों की जरूरत है।
इतने ऊँचे कि आसमान को छू लें,
नय नक्षत्रों में प्रतिभा के बीज बो लें"

"आजादी की रक्षा करेंगे, भले ही इसके लिये सर्वस्व की आहुति क्यों न देनी पड़े। लेकिन हमने अपनी स्वतंत्रता और अखण्डता अक्षुण रखनी है।"

"राष्ट्र आज एक संक्रमणकाल से गुजर रहा है। राष्ट्रहित को चोट पहुँचाने वाले किसी कार्य के लिये इतिहास हमें कभी माफ नहीं करेगा।"

"अगर चाहता तो काफी समय पूर्व प्रधानमंत्री की कुर्सी पर पहुंच चुका होता, मगर मैंने कभी भी अपने सिद्धांतों के साथ समझौता नहीं किया। सार्वजनिक क्षेत्र में ईमानदारी का होना आवश्यक है।"

“मैं आपको वचन देता हूँ कि हम अपने वायदों को पूरा निभायेंगे। मैं इन सब सपनों को आपके लिये साकार करना चाहता हूँ। अगर हम सपने ही नहीं देखेंगे तो इन सपनों को साकार कैसे करेंगे।”

“जब मुझे उदार विचार वाला कहा जाता है तो लोग यह भूल जाते हैं कि विचारों की यह व्यापकता और उदारता दीनदयाल जी की देन है।”

भाषण

4 अक्टूबर, 1977 में संयुक्त राष्ट्र संघ में पहली बार हिन्दी में भाषण

अटल जी न्यूयॉर्क में 1977 में भारत के विदेश मंत्री थे, उन्होंने संयुक्त राष्ट्र की सभा में पहली बार हिन्दी में भाषण देकर सबको आश्चर्य में डाल दिया था। उस समय पूरा विदेश मंत्रालय इस पक्ष में था कि विदेश में हिन्दी में भाषण नहीं दिया जाना चाहिए। उनके व्याख्यान के बाद 12 देशों के राजनयिक उनके कक्ष में पहुंचे और उन्होंने कहा कि आपने जो कहा तो ऐसा लग रहा था कि भारत की जनता और भारत की संस्कृति बोल रही है। उन्होंने अपने भाषण में कहा–

'अध्यक्ष महोदय, प्रतिनिधिगण,

भारतवर्ष में हाल ही में एक ऐतिहासिक और अहिंसात्मक क्रांति हुई है। गत मार्च में हुए चुनावों में भारतीय जनता ने मानव की दुर्दम्य आत्मशक्ति का परिचय दिया और एक स्वतंत्र और उन्मुक्त समाज में अपनी आस्था की पुष्टि की। उन्होंने लोकतंत्र को नष्ट करने के तामसी तथा निरंकुश शक्तियों के धूर्ततापूर्ण प्रयत्नों को निर्णायक रूप से पराजित कर दिया। हमारे देश की 60 करोड़ जनता के लिए मार्च की यह क्रांति स्पष्ट तथा दूरगामी महत्त्व रखती है, साथ ही समस्त संसार के स्वतंत्रता प्रेमी लोगों के लिए भी यह उतनी ही महत्त्वपूर्ण है।

हमारी जनता ने निर्भीक होकर उन मूल सिद्धांतों, जीवनमूल्यों तथा आकांक्षाओं को परिपुष्ट किया, जिन पर लगभग 30 वर्ष पहले संयुक्त राष्ट्र संघ की आधारशिला रखी गई थी। भारत के लोगों ने अपनी खोई हुई स्वतंत्रता और मूलभूत मानव अधिकार पुनः प्राप्त कर लिए हैं। मैं भारत की जनता की ओर से राष्ट्र संघ के लिए शुभकामनाओं का संदेश लाया हूं। महासभा के 32वें अधिवेशन के अवसर पर मैं राष्ट्र संघ में भारत की जड़ आस्था को पुनः व्यक्त करना चाहता हूं। जनता सरकार की बागडोर संभाले केवल छः महीने हुए हैं, फिर भी इतने अल्प समय में हमारी उपलब्धियां उल्लेखनीय हैं। भारत में मूलभूत मानवाधिकार पुनः प्रतिष्ठित हो गए हैं। जिस भय और आतंक के वातावरण ने हमारे लोगों को घेर लिया था, वह अब दूर

5 दिसम्बर, 1992 को अटल बिहारी वाजपेयी जी द्वारा लखनऊ की सभा में दिये गये भाषण के कुछ अंश

'मुझे भी शाम तक इसमें पहुंचना था, लेकिन ऐसा दिखता है कि कारसेवकों की उत्सुकता के कारण और कारसेवकों में लोगों की भीड़ की अधिकता के कारण बहुत से लोग पहुंच नहीं सकें। उन्हें भी कल अयोध्या के लिए प्रस्थान करना है।

सुप्रीम कोर्ट ने जो फैसला दिया है, उसका अर्थ मैं बताता हूं कि कारसेवा रोकना नहीं है, सचमुच में सुप्रीम कोर्ट ने हमें अधिकार दिया है कि हम कारसेवा करें। रोकने का तो सवाल ही नहीं है। कल कारसेवा करके अयोध्या में अदालत के किसी निर्णय की अवहेलना नहीं होगी। कारसेवा करके सर्वोच्च न्यायालय के निर्णय का सम्मान किया जायेगा। यह ठीक है कि सुप्रीम कोर्ट ने कहा है कि जब तक अदालत में लखनऊ की बेंच फैसला नहीं करती, आप लोग निर्माण का काम मत करो; लेकिन सुप्रीम कोर्ट ने यह भी कहा है कि आप भजन कर सकते हैं, कीर्तन कर सकते हैं। अब भजन एक व्यक्ति नहीं कर सकता, भजन तो सामूहिक होता है और कीर्तन के लिये तो और लोगों की आवश्यकता होगी और कीर्तन खड़े-खड़े नहीं हो सकता, कब तक खड़े रहेंगे...वह नुकीले पत्थरों पर तो कोई बैठ नहीं सकता। जमीन को समतल करना पड़ेगा...बैठने लायक बनाना पड़ेगा...यज्ञ का आयोजन होगा तो कुछ निर्माण होगा। कम-से-कम वेदी तो बनेगी और मैं नहीं समझता कि सुप्रीम कोर्ट ने इस पर रोक लगाई है। अगर भजन होता है; कीर्तन होता है; यज्ञ होता है तो भजन-कीर्तन में लोग रुक सकते हैं; क्योंकि जाड़े का मौसम है और दक्षिण के लोग आए हैं; जिन्होंने कल्पना में उत्तर की सोची थी, उनकी सुविधा के लिये शामियाना भी बन सकता है। कारसेवक इकट्ठे होकर निर्णय करें कि सर्वोच्च न्यायालय के आदेश का उल्लंघन कदापि न हो।

मैं नहीं जानता कि कल वहां क्या होगा? मेरी अयोध्या जाने की इच्छा थी लेकिन मुझे कहा गया कि तुम दिल्ली जाओ।... सर्वोच्च न्यायालय में मामला है सर्वोच्च न्यायालय ने अपना एक ऑब्ज़र्वेशन किया होगा।... मैंने उस दिन पार्लियामेंट में कहा था कि मुस्लिम समाज के कट्टरपंथी शाह के खिलाफ लंदन की मस्जिदों से जुलूस निकालने की कोशिश कर रहे थे और उनका आरोप था कि सऊदी अरेबिया का शाह अपने महल का विस्तार करने के लिए हज़रत पैगंबर साहब की समाधि से जुड़ा, जो धर्मस्थल बना हुआ है, उसको इधर-उधर खिसका रहा है।'

1996 में राष्ट्रीयता पर अटल जी का संसद में भाषण

'कुछ मामले ऐसे हैं जिन पर विचार करने की आवश्यकता है, हमारे ऊपर सबसे बड़ा आरोप क्या है कि हम सांप्रदायिक हैं। हम सेक्यूलरवादी नहीं हैं, इसलिए सेक्यूलरवाद के जितने भी रक्षक हैं, आओ...इकट्ठे हो जाओ... लाठी-डंडे संभाल लो और भाजपा को सत्ता से हटाओ। लोकतंत्र संख्या का खेल है और संख्या हमारे पक्ष में नहीं है, हम जन-समर्थन प्राप्त करने में सफल हुए हैं, औरों से ज्यादा हमे जन-समर्थन मिला है। कलमाड़ी साहब क्या कहते हैं, यह दूसरों को समझना होगा। अध्यक्ष महोदय, इस पहलू पर भी विचार होना चाहिए। कभी हम इस सदन में दो रह गए थे, पहली बार चुने गए तब चार थे, आएगा तब हम उसका सामना करेंगे। आज हम इतनी बड़ी संख्या में बैठे हैं कि आपके साथ कोई तुलना नहीं हो सकती और हम विजयी हुए हैं अपनी विनम्रता के कारण...पराजय में तो आत्म-मंथन होना चाहिए। आज सारे देश में लग गई, अब क्या होगा? आप इस स्थिति से संतुष्ट हैं तो मैं इसमें पड़ना नहीं चाहता। इस देश में इस समय लोगों के विचारों में मंथन चल रहा है;, चिंतन की दिशाएं बदल रही हैं; लोग पुरानी मान्यताओं को फिर से कसौटी पर कस रहे हैं; मेरी समझ में नहीं आता कि जब संविधान के निर्माताओं ने शादी-ब्याह के कानून बनाने की सिफारिश की थी और यह कहा कि राज्य उसकी तरफ ध्यान देगा, तो क्या वे सांप्रदायिक कारणों से प्रेरित थे? क्या ये सांप्रदायिक मुद्दा है? क्रिमिनल लॉ एक है, सिविल लॉ एक क्यों नहीं हो सकता है? गोवा में अभी भी सिविल लॉ एक है। अगर मुस्लिम भाइयों को इसमें तकलीफ है तो वे आकर बता सकते हैं, ये कह सकते हैं कि अभी और समय चाहिए अपने समाज को तैयार करने के लिए। यह नहीं कहा जा रहा है, और दल भी उन्हें इस बात के लिए प्रेरित नहीं कर रहे हैं कि थोड़ा-बहुत तो संशोधन करो, वक्त बदल रहा है, इस्लामिक देशो में पर्सनल लॉ में संशोधन हो रहे हैं या थोड़ा परिवर्तन होना चाहिए, जेंडरिक इक्विटी का मामला है।

27 मई, 1996 को 13 दिन पुरानी सरकार गिरने के बाद अटल जी का भाषण

विश्वास मत पेश करने के दौरान अटल बिहारी वाजपेयी 16 मई, 1996 को पहली बार भारत के प्रधानमंत्री बने। गठबंधन के बलबूते बनाई गई यह सरकार कुछ दिनों मे ही लड़खड़ाने लगी। विपक्ष ने इस सरकार पर अल्पमत में होने का आरोप लगाया। वाजपेयी सरकार को बहुमत साबित करने के लिए राष्ट्रपति ने समय दिया। उस दिन संसद रात तक चलती रही। लोकसभा में बहुमत साबित न कर पाने की वजह से 31 मई, 1996 को उन्हें त्यागपत्र देना पड़ा। महज 13 दिनों में खिचड़ी सरकार गिर गई। इस मौके पर अटल जी द्वारा दिया गया भाषण लोगों के दिलों को छू गया। कहा जाता है कि संसद में दिया गया यह भाषण अगले चुनाव का शंखनाद था-

'पंडित जवाहर लाल नेहरु जी की आज पुण्यतिथि है, मैं अपनी श्रद्धांजलि अर्पित करना चाहूंगा जब मैं सदन में पहली बार आया तो नेहरु जी प्रधानमंत्री थे। कई वर्ष मैंने उन्हें काम करते हुए देखा, मैं उधर ही बैठता था। अभी भी उधर की यादें भूली नहीं हैं, लेकिन मैं काफी पीछे बैठता था, क्योंकि संख्या काफी कम थी। आज जो परिवर्तन हुआ है, भारतीय जनता पार्टी धीरे-धीरे अपनी संख्या बढ़ाती हुई, अपना प्रभाव बढ़ाती हुई पहले प्रमुख विरोधी दल बनी। आज सबसे बड़ी पार्टी के रूप मे चुनाव में उभरी। ये परिवर्तन अचानक नहीं हुआ, ये परिवर्तन इतिहास की बदलती हुई प्रक्रिया को प्रतिपादित करता है। हाल में जो चुनाव हुए, उनमें जनता ने अपना मत प्रकट किया है, उस जनादेश पर गंभीरता और गहराई से विचार किया जाए। हम सबसे बड़े कल के रूप में उभरे हैं, अन्य दलों की स्थिति को भी ध्यान में रखा जाए, जब लोकसभा का विसर्जन हुआ तो कांग्रेस पार्टी के 260 सदस्य सदन में थे, आज उनकी संख्या घटकर 136 रह गई है, ये जनादेश का परिणाम है। इस परिणाम को स्वीकार किया जाना चाहिए, आत्ममंथन होना चाहिए, करीब-करीब आधी संख्या रह गयी है। आम मोर्चा 57 से 52 पर आ गया। पश्चिम बंगाल में लोकसभा में भी और विधानसभा में भी वोटों की दृष्टि से इसकी शक्ति घटी है, बिहार में घटी है।

11 से 13 मई, 1998 के बीच परमाणु परीक्षण के बाद सदन में अटल जी का भाषण

'ये आश्चर्य है कि परमाणु परीक्षण की भी आलोचना की गई। पूछा गया देश के सामने की कौन-सा खतरा था? मैं 1974 में सदन में था, जब श्रीमती इदिरा गांधी के नेतृत्व में परमाणु परीक्षण किया गया था। हमने उसका स्वागत किया था। प्रतिपक्ष में था फिर भी स्वागत किया था, क्योंकि देश की रक्षा के लिए वो किया गया था। उस समय कौन-सा खतरा था? क्या आत्मरक्षा की तैयारी तभी होगी, जब खतरा होगा? अगर तैयारी पहले से हो, जो खतरा आने वाला है वो भी दूर हो जायेगा। खतरा अमल में नहीं आएगा और इसीलिए हमने परमाणु परीक्षण करने का फैसला किया। और कार्यक्रम का अंग है उसमें लिखा हुआ है। कोई छिपी हुई बात नहीं थी, कोई रहस्य नहीं था।

अध्यक्ष महोदय, परमाणु परीक्षण के बारे में श्री चंद्रशेखर जी ने कुछ विचार व्यक्त किए। मुझे खेद है कि मैं उनके विचारों से सहमत नहीं हो सकता। उनके चिंतन की एक विशिष्ट धारा है, लेकिन 50 साल का हमारा अनुभव क्या बताता है? क्या रक्षा के मामले में हमें आत्मनिर्भर नहीं होना चाहिए? केवल एक पड़ोसी नहीं, हमारे अनेक पड़ोसी है। इस समय यूरोप में क्या हो रहा है, वो एक चेतावनी है। पोखरण-2 कोई आत्मश्लाघा के लिए नहीं था। कोई पुरुषार्थ के प्रकटीकरण के लिए नहीं था, लेकिन हमारी नीति है और मैं समझता हूं देश की नीति है, ये कि मिनिमम डीटीरेट होना चाहिए। वो क्रेडिब्ल भी होना चाहिए, इसलिए परीक्षण का फैसला किया गया। उसके कारण कुछ कठिनाईयां आएंगी, हमें मालूम था। लेकिन देश उन कठिनाईयों का सफलतापूर्वक सामना करेगा, हमें यह भी विश्वास था और ऐसा ही हुआ। आर्थिक प्रतिबन्ध हमें आगे बढ़ने से नहीं रोक सके। रक्षा सम्बन्धी फैसले करने से हमें विरक्त नहीं कर सके। लेकिन परीक्षण के साथ हमने यह भी ऐलान किया कि हम परमाणु हथियारों का प्रयोग करने में पहल नहीं करेंगे। नो फर्स्ट यूज... हमने यह भी कहा, जिनके पास परमाणु शस्त्र नहीं हैं, हम उनके विरुद्ध उनका प्रयोग नहीं करेंगे। हमने

23 जुलाई, 2003 को प्रधानमंत्री वाजपेयी द्वारा चीन, जर्मनी आदि विदेश यात्रा पर भाषण

'महोदय, पिछले दो महीनों में मुझे जर्मनी, रूस, फ्रांस और चीन की अपनी यात्रा के दौरान विश्व के कई नेताओं से मिलने का अवसर मिला।

मैंने दिनांक 16 से 29 मई तक जर्मनी की यात्रा की। उसके बाद, मैं राष्ट्रपति पुतिन के निमंत्रण पर सेंट पीटर्सबर्ग के त्रिशताब्दी समारोह में भाग लेने के लिए वहां गया। तत्पश्चात् मैं राष्ट्रपति शिराक के निमंत्रण पर एवियान में जी-7 देशों की विस्तृत वार्त्ता में शामिल हुआ। दिनांक 11 जून से 16 जून तक मैंने अलग से चीन की यात्रा की।

जर्मनी और चीन की मेरी यात्राएं द्विपक्षीय थीं, जबकि रूस और फ्रांस की यात्रा महत्त्वपूर्ण घटनाओं के उपलक्ष्य में थी, जिनमें केवल चुनिंदा देशों को ही आमंत्रित किया गया था। ये सभी यात्राएं यूरोप और एशिया के प्रमुख देशों के साथ हमारी चलती हुई बातचीत तथा अंतर्राष्ट्रीय मामलों में भारत के बढ़ते हुए महत्त्व की मान्यता को दर्शाती हैं। मेरी इन यात्राओं से इन देशों के साथ द्विपक्षीय संबंधों को मजबूत करने और प्रमुख अंतर्राष्ट्रीय मंचों पर महत्त्वपूर्ण मुद्दों पर हमारे दृष्टिकोण को स्पष्ट करने का मौका मिला। ऐसी यात्राओं से हमें अंतर्राष्ट्रीय समुदाय के महत्त्वपूर्ण मुद्दों पर दूसरे देशों के विचारों को बेहतर ढंग से समझने में भी मदद मिलती है।

जर्मनी की मेरी यात्रा चांसलर श्रोएडर के निमंत्रण पर थी, जो उन्होंने अक्टूबर 1999 में भारत की अपनी यात्रा के दौरान मुझे दिया था। जर्मन नेतृत्व के साथ द्विपक्षीय संबंधों का विस्तार करने और उनमें तेजी लाने के बारे में मेरी उपयोगी बातचीत हुई। हमने क्षेत्रीय और अंतर्राष्ट्रीय मुद्दों पर भी विचारों का विस्तार से आदान-प्रदान किया। जर्मनी का मानना है कि आतंकवाद के खिलाफ विश्व स्तर पर दृढ़तापूर्वक कार्रवाई की जानी चाहिए, चाहे वह कहीं भी हो और किसी के भी विरुद्ध चलाया गया हो।

भारत और जर्मनी, दोनों ही व्यापार और निवेश संबंधों में और तेजी लाने के इच्छुक हैं। मैंने भारत में निवेश के अवसरों तथा भारत और जर्मनी के बीच अनेक

2 मई, 2003 को भारत-पाक संबंधों पर तत्कालीन हालात

'अध्यक्ष महोदय, 28 अप्रैल की शाम को पाकिस्तान के प्रधानमंत्री श्री जमाली ने मुझसे टेलीफोन पर बातचीत की। प्रधानमंत्री श्री जमाली ने श्रीनगर में मेरी टिप्पणी तथा भारत-पाकिस्तान संबंधों के बारे में संसद के दोनों सदनों में दिए गए मेरे वक्तव्य की सराहना की और इसके लिए शुक्रिया अदा किया। उन्होंने आतंकवाद की भर्त्सना की। जैसा कि माननीय सदस्यों को मालूम ही है, हम पाकिस्तान के साथ अपने संबंधों को सुधारने के लिये प्रतिबद्ध हैं और ऐसा करने के लिये हम किसी भी मौके का लाभ उठाना चाहेंगे। लेकिन हम एक सार्थक बातचीत के लिए अनुकूल वातावरण पैदा करने की आवश्यकता पर बार-बार जोर देते रहे हैं, जिसके लिये यह अत्यंत जरूरी है कि सीमा-पार से आतंकवाद को बंद करके इसके ढांचे का उन्मूलन किया जाये। हमने अपने द्विपक्षीय संबंधों को आगे बढ़ाने के तरीकों पर चर्चा की। इस संबंध में मैंने आर्थिक सांस्कृतिक सहयोग, आदान-प्रदान, दोनों देशवासियों के आपसी सम्पर्क तथा नागरिक उड्डयन संबंधों के महत्त्व पर बल दिया। इनसे एक ऐसा माहौल बना। अध्यक्ष महोदय, पाकिस्तान के साथ जो बातचीत चल रही है, उसके बारे में सदन को लगातार विश्वास में लिया जाता रहेगा, किसी भी चीज पर पर्दा डालने का सरकार का इरादा नहीं है। लेकिन अगर ज्यादा जोर इस बात पर दिया जायेगा कि क्या बातें हो रही हैं, उन सबका उद्घाटन किया जाए, तो मैं समझता हूं कि चर्चा में उससे सहायता नहीं मिलेगी। अगर सदन अलग चर्चा चाहता है, पूरे भारत-पाकिस्तान संबंधों पर चर्चा चाहता है तो मैं उसके लिए तैयार हूं, समय निकालना अध्यक्ष महोदय आपकी जिम्मेदारी है। चर्चा के समय सदन में उपस्थिति भी अच्छी रहनी चाहिए, यह भी आपको विश्वास दिलाना होगा। श्री पाटिल साहब ने एक प्रश्न पूछा है, उन्होंने किसी जनरल साहब का एक बड़ा उद्धरण दिया है। मैंने भी वह उद्धरण देखा है। हमने उसके बारे में पता लगाने का प्रयास किया है। यह कहना ठीक नहीं होगा कि वह संयुक्त राज्य अमेरिका का दृष्टिकोण है। इस समय अनेक अटकलें चल रही हैं। पता नहीं कितने लोग ऐसे घूम रहे हैं, जो मध्यस्थता करना चाहते हैं। क्या मध्यस्थता करना चाहते हैं, क्यों मध्यस्थता करना चाहते हैं, इसके बारे में वे स्पष्ट नहीं हैं। भारत समझता है कि पाकिस्तान के साथ जो कश्मीर का मामला है, वह एक द्विपक्षीय मामला है और इसमें किसी तीसरे को आने की जरूरत नहीं है, न हम उसे स्वीकार करेंगे।'

26 जुलाई, 1977 को लोकसभा में अपनी नेपाल यात्रा पर अटल जी का भाषण

इस भाषण का एक अंश अभिलेखों के आधार पर यहां प्रस्तुत है, जो स्पष्ट करता है कि श्री वाजपेयी की नेपाल यात्रा बहुत सफल हुई।

'नेपाल के विदेश मंत्री जी के साथ हुई बातचीत तथा नेपाल की सरकार के वाणिज्य और उद्योग मंत्री के साथ अलग से हुई एक बैठक में भारत और नेपाल के बीच नयी संधि का प्रश्न भी विचार-विमर्श के लिए उठा था, जो कि अगस्त 1976 से स्थगित था। व्यापार और पारगमन के संबंध में जब तक एक नया करार नहीं हो जाता, तब तक के लिए उसी व्यापार एवं पारगमन संधि की व्यवस्था को जारी रखा गया, जो अगस्त 1976 में समाप्त हो गयी थी। हमारा अनुभव यह बताता है कि अपना व्यापार बढ़ाने अथवा अपने माल के लिए नयी मंडियां खोजने की दिशा में यह संधि नेपाल की महत्त्वाकांक्षा में आड़े नहीं आयी है।'

1984 में स्वर्ण मंदिर में सेना की मौजूदगी और पंजाब में सेंसर के खिलाफ केन्द्र सरकार की आलोचना

'आजादी के 36 साल बाद, देश के बंटवारे के 36 साल बाद भी आज देश की एकता के ऊपर फिर से प्रश्नचिन्ह लग जाए, यह शासन चलाने वालों के लिए कोई अच्छी बात नहीं है। हम अभी तक एक राष्ट्र नहीं बने, यह कोई अच्छी बात नही है। मज़हब के आधार पर पाकिस्तान बना, वह बंट गया। हमने मजहब को अपना आधार नहीं बनाया, हमने कहा कि हमारा देश धर्मनिरपेक्ष, सेक्यूलर होगा। यह सभी धर्मों के मानने वालों के लिए होगा। फिर भी भारत बंटने के कगार पर आ गया है। क्या इसके लिए अकाली दल जिम्मेदार है और प्रधानमंत्री (श्रीमती इंदिरा गांधी) दूध की धुली हुई हैं?

प्रधानमंत्री जी कहती हैं कि वे जहर पीने के लिए तैयार हैं। उनके हिस्से में तो अमृत आया है, जहर तो बाकी लोग पियेंगे, लेकिन मैं कहना चाहता हूं कि परमात्मा के लिए देश की एकता को राजनीति का मुद्दा मत बनाइए, जो कुछ हो गया, उसको भूल जाएं और नए अध्याय का श्रीगणेश करें। आखिर स्वर्ण मंदिर में सेना कब तक रहेगी? पंजाब में सेंसर कब तक चलेगा? आप किसी भी हिस्से के चप्पे-चप्पे पर फौज नहीं खड़ी कर सकते। देश एक रहेगा तो किसी एक पार्टी की वजह से एक नहीं रहेगा; किसी एक व्यक्तित्व की वजह से एक नहीं रहेगा; किसी एक व्यक्ति की वजह से नहीं रहेगा; किसी एक परिवार की वजह से नहीं रहेगा, देश एक रहेगा तो देश की 70 करोड़ जनता की देशभक्ति की वजह से रहेगा।

पंजाब में आतंकवाद का उन्मूलन करने के लिए जन-अभियान के अलावा सरकार के पास कौन-सा ठोस कदम है? प्रधानमंत्री कह रहे हैं कि वे संविधान में संशोधन करेंगे। उन्होंने पहले भी संविधान में संशोधन किया, मगर जो 249 के अंतर्गत था, उस पर अमल नहीं किया। अब क्या संविधान में फिर संशोधन होगा? सर्वप्रथम सरकार को पंजाब के निर्दोष लोगों की हत्या रोकनी चाहिए, अन्यथा जन-अभियान को जितनी सफलता मिलनी चाहिए, उतनी सफलता नहीं मिलेगी।'

1984 में इंदिरा गांधी की हत्या के बाद अटल जी का भाषण

पंजाब में आतंकवाद के चलते 31 अक्टूबर, 1984 को निजी सुरक्षाकर्मियों ने प्रधानमंत्री इंदिरा गांधी की हत्या कर दी। अटल जी ने इसे लोकतंत्र के लिए भीषण खतरा बताते हुए इंदिरा गांधी को श्रद्धांजलि अर्पित की। उन्होंने कहा–

'आतंकवादियों ने दिल्ली में अपनी गतिविधियां तेज कर दी हैं। दिल्ली में उन्होंने सामूहिक हत्याएं की, उन्होंने चुन–चुनकर लोगों को मारा, लेकिन वे अभी तक पकड़े नहीं गए। किसी को नजरबंद भी नहीं किया गया। आतंकवादी हरियाणा को लपेट में ले आए हैं। गंगानगर में दो पुलिसकर्मियों की हत्या हुई है। आतंकवादी अपनी गतिविधियों का विस्तार करने में समर्थ हो रहे हैं और सरकार के पास अध्यादेश के अलावा कोई हथियार नहीं है। क्या सरकार के शस्त्रागार में कमी है? अगर नहीं है तो स्पष्ट विचार नहीं है, राजनीतिक इच्छाशक्ति नहीं है और दूरदर्शिता के आधार पर नीति के आधार पर, पंजाब की समस्या को हल करने का संकल्प नहीं है।'

दिल्ली के दंगों में जिनके हाथ खून से रंगे हुए हैं, वे पंजाब की समस्या का सफलतापूर्वक समाधान कर सकेंगे, इस बारे में मुझे संदेह है। दिल्ली के दंगों के लिए किसी को दोष लेना पड़ेगा। किसी को सज़ा भुगतनी पड़ेगी।

जब कभी हम पंजाब में आते हैं और हिन्दू–सिक्ख भाईचारे की बात करते हैं तो हमारे मुंह पर कुछ सवाल मारे जाते हैं। यह पूछा जाता है कि इंदिरा जी की हत्या के बाद जब सैकड़ों सिक्ख वहां मारे जा रहे थे, तब आप कहां थे? हम तो अपने ढंग से वहां जवाब दे देते हैं, क्योंकि हम हत्यारों में शामिल नहीं थे, लेकिन सरकार जरूर कठघरे में खड़ी है। इसलिए मैं कहूंगा कि आपने दंगों की जांच के लिए कमीशन बनाया, देर से बनाया और उसको ठीक तरह से काम नहीं करने दिया लेकिन अब उसकी रिपोर्ट को दबाइए मत।'

1995 में भाजपा सम्मेलन में अटल जी का भाषण

'चुनाव के घोड़े रोके नहीं जाते हैं, अपना-अपना घोड़ा सबसे आगे ले जाने की कोशिश होती है। भारत संसार का सबसे बड़ा लोकतंत्र है, यहां मताधिकार के बल पर राज बदलता है, थोड़े से कालखंड को छोड़कर लोकतंत्र की धारा अविरल रही है। चुनाव के माध्यम से जो भी निर्णय होता है, उसे लोग स्वीकार करते हैं। इस अधिवेशन में ना केवल हमारी शक्ति प्रकट हुई है, ना केवल हमारा बढ़ता हुआ प्रभाव मूर्तिमान हुआ है, बल्कि एक बार फिर यह बात सिद्ध हो गई है कि भारतीय जनता पार्टी सारे राष्ट्र की पार्टी है, पूरे भारतीय समाज का प्रतिनिधित्व करती है; देश का कोई कोना ऐसा नहीं है, जो हमारे स्पर्श से अछूता हो; देश का कोई नागरिक या नागरिक समुदाय ऐसा नहीं है, जिसके लिए हमारे मन में चिंता ना हो। हम यहां यशोभूमि पर छोटे से भारत के दर्शन कर रहे हैं...नव भारत, अपने-अपने क्षेत्र से भी जो अपना व्यय करके आए हैं, जिनके कारण रास्ते में कहीं कोई तकलीफ नहीं हुई, कहीं रेलवे स्टेशन पर अवांछनीय दृश्य उपस्थित नहीं हुए। संयमित, अनुशासित प्रतिनिधियों का यह समूह पिछले ढाई दिनों से मुंबई नगरी में है; संख्या के कारण जो समस्याएं पैदा हुई हैं, वो अलग हैं, लेकिन प्रतिनिधियों के व्यवहार के कारण.. जिन्हें ये आशंका थी कि मुंबई के नागरिकों को कष्ट होगा, उन सबकी चिंताएं आज निर्मूल साबित हुई हैं। जिन प्रतिनिधियों ने अपने दायित्व को समझा है। महाधिवेशन में हमने राष्ट्र की अनेक समस्याओं पर विचार किया है; राजनीतिक स्थिति बिगड़ रही है; आर्थिक संकट गहरा रहा है; राष्ट्र की सुरक्षा पर प्रश्न चिह्न लग रहे हैं; यह सारी समस्याएं हमारे विचार का विषय रही हैं, इससे सिद्ध होता है कि भारतीय जनता पार्टी एक मुद्दे की पार्टी नहीं है। हम जीवन को उसकी समग्रता में देखते हैं। हम राष्ट्र की समस्याओं को भी टुकड़ों में नहीं देखते हैं, हम राष्ट्र की समस्याओं को भी उनकी संपूर्णता में देखते हैं। आज देश परिवर्तन की पुकार कर रहा है। लोगों ने परिवर्तन के पक्ष में अपना अभिमत प्रकट किया है; कई प्रदेशों में सत्ता परिवर्तन हुआ

दूरदर्शन पर राष्ट्र के नाम प्रधानमंत्री का प्रथम संबोधन : 'आइए, मिलकर काम करें'

'बहनों और भाइयों! आपने जनादेश दे दिया... राष्ट्रपति जी ने फैसला कर दिया है ...आपकी सरकार बन गई ... आइए अब काम पर लग जायें।

दुनिया बड़ी तेजी से आगे बढ़ रही है, समय का तकाजा है कि हम छोटे-छोटे झगड़ों और मतभेदों को पीछे छोड़ दें। विशेष रूप से यह मौका चुनावों के दौरान पैदा हुई कटुता से छुटकारा पाने का है। मेरी सरकार काम पर जुट गई है और मैं आप सबसे भी जुटने का अनुरोध करूंगा।

मैं विशेष रूप से संसद में चुनकर आए मित्रों से एक आग्रह करना चाहता हूं मैंने लगभग पूरा कामकाजी जीवन संसद के अन्दर और उसके करीब बिताया है। जब मैं इस बात पर विचार करता हूं कि इस महान राष्ट्रीय संस्थान के क्या-क्या उद्देश्य थे और आज हमने उसकी क्या गत बना दी है, उसे देखकर मेरा दिल रोता है। हमे इसे एक बार फिर शिष्ट विचार-विमर्श और तर्कसंगत वाद-विवाद का मध्य मंच बनाना होगा। इसलिए जल्दी ही अपना आसन ग्रहण करने वाले सांसदों से मैं एक अपील करना चाहता हूं, करोड़ों लोगों ने आपको अपना विश्वास सौंपा है। मेरा निवेदन है कि संसद को उन करोड़ों दु:खी लोगों के भरोसे के लायक बनाने की भरपूर कोशिश करनी चाहिए। एक निवेदन आप लोगों से भी करना चाहता हूं कि आप मालिक हैं। जिन सदस्यों को आपने चुनकर भेजा है, वे आपकी तरफ से विचार-विमर्श के लिए यहां आए हैं, आप इन सदस्यों को अगले चुनाव तक भूल न जाएं, ना ही ये आपको भुला सकें। मेरी दूसरी बात भी बुनियादी है-भविष्य की और निहारिए, दूसरे देश आकाश छू रहे हैं, सवाल केवल नई चीजों के उत्पादन का नहीं है। ये चीजें हर दूसरे साल एक नई टेक्नोलॉजी पर सवार हो जाती है और फिर तुरंत उससे भी नई टेक्नोलॉजी पिछली को धकेलकर, आगे बढ़ जाती है, हमें इस नई दुनिया का सामना करना है। अपने को इससे काटकर नहीं चल सकते, जो देश आर्थिक और टेक्नोलॉजी की दृष्टि से शक्तिशाली है, वही दुनिया पर हावी है। हममे

28 अप्रैल, 1998 को नई दिल्ली में भारतीय उद्योग परिसंघ के राष्ट्रीय सम्मेलन में भाषण

'यह लगातार तीसरा वर्ष है, जब भारतीय उद्योग परिसंघ (सीआईआई)के वार्षिक सत्र का उद्घाटन अलग-अलग प्रधानमंत्रियों ने किया है। आपके अध्यक्ष श्री कुमार ने अपने स्वागत भाषण में मेरे बारे में कुछ अच्छी बातें कही है। ये बातें निसन्देह मुझे अच्छी लगी हैं, लेकिन साथ-ही-साथ वे मुझे यह अहसास दिलाती हैं कि लोगों को मुझसे और मेरी सरकार से कितनी आशाएं हैं। हाल ही में संपन्न हुए आम चुनावों में जनता ने भाजपा और उसके सहयोगियों को सरकार चलाने का जनादेश दिया है लेकिन साथ ही यह एक अधूरा जनादेश है। हमारे सामने एक चुनौती है कि इस अधूरे जनादेश के बावजूद हमें अपने दायित्व के साथ पूरा न्याय करना है। मैं आपको आश्वासन देता हूं कि कुछ प्रारंभिक कठिनाइयों के बावजूद नई दिल्ली में एक स्थायी मजबूत और काम करनेवाली सरकार को देखने की जनता की इच्छा पूरी होगी। हमने इस चुनौती को स्वीकार किया है। इस सम्मेलन के विषय विकास की वापसी अर्थव्यवस्था, शिक्षा एव रोजगार में हमारी साझा शासन के राष्ट्रीय कार्यक्रम का मुख्य मुद्दा निहित है, जो हमारी नीतियों की रूपरेखा है। और इस प्रकार यह एक सुखद बात है कि सरकार और भारतीय उद्योग दोनों के ही चिंता के विषय समान हैं। ऐसा सहभागितापूर्ण संबंध भारत को अपने आर्थिक विकास को पूरी क्षमता के साथ प्राप्त करने तथा जनता के कल्याण के उद्देश्यों को प्राप्त करने में सहायक होगा। इस मुद्दे पर बल देने के पीछे मेरे पास ठोस कारण हैं। आज किसी राष्ट्र के लिए न केवल विश्व में उसका स्थान; बल्कि उसकी सुरक्षा, अखंडता और स्थायित्व उस राष्ट्र की आर्थिक सुदृढ़ता पर निर्भर करता है। इसलिए मेरा यह दृढ़ विश्वास है कि अब समय आ गया है कि हम राष्ट्र की अर्थव्यवस्था को जितना अधिक हो सके इसकी प्रजातांत्रिक व्यवस्था में हो रहे उथल-पुथल से सुरक्षित रखे। यह उपयुक्त समय है कि व्यापार उद्योग और राजनीति सहित हमारे समाज के सभी वर्ग, अपने को जितना अधिक हो सके इसकी प्रजातांत्रिक व्यवस्था में हो रही उथल-पुथल से सुरक्षित रखें

13 मई, 1998 को पोखरण प्रसंग में प्रधानमंत्री निवास पर बधाई देने आए नागरिकों को धन्यवाद ज्ञापन

'मैं आपका बहुत आभारी हूं कि आप यहां आए और अपनी शुभकामनाएं दीं सचमुच में अभिनंदन होना चाहिए वैज्ञानिकों का, उन इंजीनियरों का; जिन्होंने पोखरण में जो कुछ हुआ, उसे सफलतापूर्वक करके दिखाया। देश में इस सवाल पर एक आम राय है और लगभग सभी पार्टियां इस बात से सहमत रही हैं कि देश की रक्षा के लिए, देश की स्वतन्त्रता, संप्रभुता और अखंडता की रक्षा के लिए हमें सब कदम उठाने के लिए तैयार रहना चाहिए। हमने जो भी कुछ किया है, अपने बचाव के लिए किया है, देश की रक्षा के लिए किया है। किसी को खतरा पैदा करने के लिए नही किया है। 1974 में पोखरण में एक अणु परीक्षण हुआ था। अब फिर परमाणु परीक्षण हुआ है। तब से हम विज्ञान, टेक्नोलॉजी, परमाणु ऊर्जा के क्षेत्र में भी बहुत आगे बढ़े हैं। हमारे वैज्ञानिकों ने, इंजीनियरों ने वक्त के बदलने के साथ अपने ज्ञान को, अपनी जानकारी को आज की स्थिति का सामना करने लायक बनाए रखा है। 11 तारीख को यह परीक्षण प्रारंभ हुआ था, जो आज समाप्त हो गया और उस पर विश्व अपनी प्रतिक्रिया कर रहा है। अलग-अलग तरह की प्रतिक्रियाएं हो रही है। हम ऐसी दुनिया में विश्वास करते हैं, जो परमाणु अस्त्रों से रहित हो, लेकिन ऐसी दुनिया एकतरफा नहीं होगी। आज तो दुनिया बंटी हुई है। कुछ देश ऐसे हैं जो समझते हैं कि केवल उन्हीं को अपनी रक्षा के लिए हर तरह के कदम उठाने का अधिकार है। बाकी देशों को इस तरह का कोई अधिकार नहीं है। यह हमें स्वीकार नहीं है। विज्ञान, टेक्नोलॉजी न्यूक्लीयर एनर्जी इसको किसी देश की सीमाओं में नहीं बांध सकते। अभी इस तरह के विश्व की रचना बाकी है। हम उस दिशा में प्रयत्न करते रहेगें। मैं आपसे एक ही बात कहना चाहता हूँ कि हमने जो कदम उठाया है, सोच-समझकर उठाया है। किसी जल्दबाजी में नहीं उठाया, लोकप्रियता हासिल करने के लिए नहीं उठाया। देश समझते थे, वे इस बात को स्वीकार करेंगे कि विश्व की व्यवस्था ऐसी होनी चाहिए कि सब पर वह समान रूप से लागू की जा सके और जो सबको सुरक्षा का आश्वासन

3 अगस्त 1998 को संसद में लोकपाल बिल को पेश किए जाने के अवसर पर अटल जी का वक्तव्य

'अध्यक्ष महोदय, मैं इस विधेयक के समर्थन में दो शब्द कहना चाहूंगा, यह विधेयक जन्म-मरण के अनेक घेरे पार करके आज की स्थिति में पहुंचा है। जब एडमिनिस्ट्रेटिव रिफॉर्म कमीशन का निर्माण हुआ था 1966 में, मोरारजी भाई की अध्यक्षता में, तब उन्होंने दो संस्थाओं के बारे में सुझाव दिए थे। एक लोकपाल और दूसरा लोकायुक्त। लोकायुक्त का गठन राज्यों में हो गया है, लोकायुक्त काम कर रहे हैं, लेकिन जहां तक लोकपाल का प्रश्न है, बार-बार लोकसभा के सामने प्रस्ताव लाए गए, विधेयक पेश हुए, चर्चाएं भी हुई, समितियां बनीं और यह सिलसिला 1968 में शुरु हुआ। 1971 में फिर इसके लिए विचार का प्रबंध हुआ। 1985 में फिर से इसे लाया गया क्योंकि विधेयक पारित होने से पहले लोकसभा भंग हो जाती थी लोकसभा बीच में ही तिरोहित हो जाती थी। 1996 में आखिरी बार तय हुआ था कि इसे कानून का रूप दे दिया जाए, लेकिन तब भी लोकसभा के भंग होने की स्थिति पैदा हो गई। हमने अपने नेशनल एजेंडा फॉर गवर्नेंस में इस विधेयक को कानून का रूप देने का वचन दिया है, आज हम यह वचन अपना पूरा कर रहे हैं। हमने यह भी वचन दिया था कि प्रधानमंत्री को इस विधेयक की परिधि में लाया जाए। यह चर्चा का विषय है। इस पर विभिन्न दृष्टिकोण हो सकते हैं। चर्चा के दौरान वह आ सकते हैं, लेकिन जहां तक हमारा सवाल है, हम चाहते हैं कि मंत्रियों में और प्रधानमंत्री में, संसद सदस्यों और प्रधानमंत्री में... प्रधानमंत्री भी संसद का सदस्य होता है, उसमें कोई अंतर नहीं होना चाहिए। कानून सभी पब्लिक सर्वेंट्स पर लागू होगा, तो सभी संसद सदस्य उसकी सीमा में आएंगे।

अध्यक्ष महोदय, लोकपाल में तीन सदस्य होंगे और तीनों सदस्य न्यायपालिका से आएंगे। लोकपाल और अन्य दो सदस्यों का चयन करने के लिए एक समिति बनेगी, उपराष्ट्रपति उसके अध्यक्ष होंगे और प्रधानमंत्री के अतिरिक्त लोकसभा अध्यक्ष, गृहमंत्री, सदन का वो नेता, जिसमें प्रधानमंत्री सदस्य नहीं होगा... शामिल

15 अगस्त, 1998 को लाल किला की प्राचीर से राष्ट्र के नाम संबोधन भाषण

'मेरे प्यारे देशवासी बहनों-भाइयों और बच्चों! अपने देश की स्वतंत्रता की 51वी वर्षगाठ पर मेरी ओर से आप सबको बहुत-बहुत शुभकामनाएं। देखते-देखते आधी शताब्दी बीत गई, लगता है कल की ही बात है। पं. जवाहरलाल नेहरुजी ने इसी स्थान पर पहली बार हमारा प्यारा तिरंगा नीले आसमान में फहराया था। उसके पश्चात् प्रत्येक स्वतंत्रता दिवस पर इस ऐतिहासिक लाल किले से राष्ट्रीय ध्वज फहराने की परंपरा चली आ रही है। मैंने कभी यह नहीं सोचा था कि यह सौभाग्य एक दिन मुझे भी मिलेगा। एक गरीब स्कूल मास्टर के लड़के का धूल और धुएं से भरी बस्ती से उठकर लाल किले की प्राचीर तक पहुंचना और स्वतंत्रता के पावन पर्व पर तिरंगा फहराना, यह भारतीय लोकतत्रं को शक्ति और क्षमता को उजागर करता है। हम सब जानते हैं कि यह आजादी हमें सस्ते में नहीं मिली है। एक तरफ महात्मा गांधी जी के नेतृत्व में आजादी के अहिंसात्मक आंदोलन में लाखों नर-नारियों ने कारावास में यातनाएं सहन की तो दूसरी ओर हजारों क्रांतिकारियों ने हंसते-हंसते फांसी का तख्ता चूमकर अपने प्राणों का बलिदान दिया। हमारी आजादी इन सभी ज्ञात-अज्ञात शहीदों और स्वतन्त्रता सेनानियों की देन है। आइए, हम सब मिलकर इनको अपनी हार्दिक श्रद्धांजलि अर्पित करें और प्रतिज्ञा करें कि हम इस आजादी की रक्षा करेगें, भले ही इसके लिए सर्वस्व को आहुति क्यों न देनी पड़े। हमारा देश विदेशी आक्रमणों का शिकार होता रहा है। 50 वर्षो के एक छोटे से कालखंड में भी हम चार बार आक्रमण के शिकार हुए हैं। लेकिन हमने अपनी स्वतंत्रता और अखंडता अक्षुण्ण रखी। इसका सर्वाधिक श्रेय जाता है हमारे सेना के जवानों को। अपने घर और प्रियजनों से दूर अपनी जान हथेली पर रखकर ये रात-दिन हमारी सीमा की रखवाली करते हैं, इसलिए हम अपने घरों में चैन की नींद सो सकते हैं। सियाचिन की 0 से 32 अंश कम बर्फीली वादियां हो या पूर्वाचल का घना जंगल, कच्छ या जैसलमेर का रेगिस्तान का इलाका हो या हिंद महासागर का गहरा पानी, सभी स्थानों पर हमारा जवान चौकस खड़ा है।

12 दिसंबर, 1998 को नई दिल्ली में एड्स की रोकथाम व नियंत्रण के राष्ट्रीय कार्यक्रम में भाषण

'स्वतंत्रता प्राप्ति के बाद से भारत को संक्रामक और गैर संक्रामक, दोनों ही प्रकार के रोगों की रोकथाम और नियंत्रण के बारे में अच्छा खासा अनुभव प्राप्त हुआ है। हमने चेचक और गिनीवर्म जैसे कई घातक रोगों को सफलतापूर्वक मिटा दिया है और हम कुष्ठरोग को समाप्त करने के काफी निकट पहुंच गए हैं। लेकिन अब हमारे सामने मलेरिया और तपेदिक जैसे गंभीर संक्रामक रोगों द्वारा फिर से सिर उठाने की समस्या आ खड़ी हुई है। हमने तो यह सोचा था कि हमने देश में से मलेरिया का नामो-निशान मिटा दिया था, लेकिन अब यह मलेरिया 'फॉल्सीपेरम' के अत्यंत उग्र रूप में वापस लौट आया है, जो लगभग घातक है। जहां तक तपेदिक का सवाल है मोटे तौर पर डेढ़ करोड़ भारतीय इस रोग से ग्रसित है और हर वर्ष लगभग बारह लाख नए रोगी बढ़ जाते हैं। हर वर्ष तपेदिक से लाखों लोग मर जाते हैं। लेकिन आज देश के सामने जो अत्यधिक गंभीर जन-स्वास्थ्य चुनौती है, वह है एच.आई.वी. एड्स की और यह इस देश में मात्र एक दशक पुरानी समस्या है। एड्स एक विश्वव्यापी समस्या है। दुर्भाग्य से इस रोग की स्थिति भारत में गंभीर होती जा रही है। अगले दस वर्षों में अफ्रीका में हर सौ वयस्कों में से बीस पर मौत का खतरा मंडराने लगेगा। एक अफ्रीकी देश में अगले चार वर्षों में जनसंख्या वृद्धि रुक जाएगी। एक दूसरे अफ्रीकी देश में अगले वर्ष की जीवन प्रत्याशा 1990 में दिखाई गई 61 वर्ष की उच्च दर घटकर केवल 41 वर्ष हो जाएगी। यह हो क्या रहा है? जो हो रहा है, उसकी तुलना संयुक्त राष्ट्र के वरिष्ठ जन-स्वास्थ्य अधिकारी 14वीं सदी के 'गिल्टी प्लेग' से करने लगे है, जिसने पाप की एक-तिहाई जनसंख्या का सफाया कर दिया था। दक्षिण अफ्रीकी सरकार के अनुसार उनकी तीन करोड़ बीस लाख जनसंख्या का 14% भाग एचआईवी से संक्रमित है, जिससे एड्स और फिर मौत होती है। इसके अलावा प्रतिदिन 1500 से अधिक एचआईवी से संक्रमित लोगों का पता चलता है। इसी महीने के शुरू में राष्ट्रपति नेल्सन मंडेला ने कहा- 'हालांकि पंद्रह या अधिक वर्षों से एड्स

13 दिसंबर, 1998 को ग़ालिब पर आयोजित सेमिनार में प्रधानमंत्री के उद्गार

'मैं बड़ी मुश्किल में हूं। मुझे बोलने के लिए सिर्फ दस मिनट दिए गए हैं। 'उमरे दराज़ मांगकर लाए थे....।' कुल दस मिनट हैं। हम राजनेता बोलते हैं तो फिर रुकने का नाम नहीं लेते हैं। फिर मिर्ज़ा ग़ालिब के बारे में बोलना। मैं उर्दूदां नहीं हूं, लेकिन मिर्ज़ा साहब को मैंने पढ़ा है। वे विश्व के महाकवियों में एक हैं। उर्दू और फारसी में उन्होंने जो कुछ लिखा है, वह विश्व साहित्य की एक धरोहर है। मैं उसके बारे में क्या कहूं? जब मैं तकरीर की तैयारी कर रहा था और किताबें इधर-उधर फैली थीं तो उनके एक शेर पर मेरी नजर पड़ी। 'पूछते हैं वो कि ग़ालिब कौन है, कोई बतलाओ कि हम बतलाएं क्या?' मैं नहीं जानता कि यह शेर किस संदर्भ में कहा गया। लेकिन यह उन्हीं का शेर है। ग़ालिब कौन? इसके जवाब में लंबी-चौड़ी तकरीरें की जा सकती हैं। किताबें लिखी गई हैं, शोध हुए हैं और यह सिलसिला लगातार चलता रहेगा।

मिर्ज़ा ग़ालिब एक बड़े योद्धा वंश के वंशधर थे। फारसी के अप्रतिम विद्वान। मुगल साम्राज्य के इतिहास में अपने समय के प्रतिष्ठित स्वाभिमानी नागरिक। फारसी और उर्दू के महान कवि या फिर मध्यकाल और आधुनिक काल की युग संधि पर खड़े हुए एक संवेदनशील व्यक्ति। 200 साल पुरानी बात है। मुगल साम्राज्य खत्म हो रहा था, मगर पूरी तरह खत्म नहीं हुआ था। अंग्रेज़ हमारे मुल्क में पांव जमाने में लगे थे, मगर पूरी तरह पांव जमे नहीं थे। एक संक्रमण का काल था। अब उस संक्रमण के काल में मिर्ज़ा ग़ालिब ने लिखा, उन्होंने अपनी पीड़ा के बारे में लिखा। लेकिन सार्वजनिक पीड़ा भी उनकी वाणी में अभिव्यक्त हुई। खुद अपने बारे में उन्होंने कहा था- 'होगा कोई ऐसा भी कि ग़ालिब को न जाने, शायर तो बहुत अच्छा है मगर बदनाम बहुत है।' किस बांकपन से अपने को बदनाम करने वालों को निरुत्तर करते हुए। उन्होंने अच्छे शायर के रुप में सर्वविदित होने का दावा किया है।

29 जून, 1977 को लोकसभा में विदेश नीति को स्पष्ट करते हुए विदेश मंत्री के रूप में भाषण

अटल जी विदेशों में जहां भी गए, अपनी बात पर अटल रहे और विदेश मंत्री के रूप में उन्होंने खूब यात्राएं कीं। भारत के अभी तक हुए विदेश मंत्रियों में उन्हें शीर्ष स्थान प्राप्त है। अपनी विदेश नीति को स्पष्ट करते हुए लोकसभा में उन्होंने 29 जून, 1977 को अपने प्रथम भाषण में ये शब्द कहे थे:-

'इस अवसर पर जब कि मैं विदेश नीति पर पहली बार बोल रहा हूं, मैं भारत माता के लाखों पुत्रों और पुत्रियों को शुभकामना संदेश भेजता हूं, जो विश्व के विभिन्न भागों में वहां की सरकारों के अधीन या व्यक्तिगत नागरिक के रूप में काम कर रहे हैं या रह रहे हैं। इनमें हर एक अपने-अपने ढंग से भारत का दूत है और हमारी प्राचीन संस्कृति और सभ्यता का प्रतीक है। उन्होंने भले ही विदेश जाकर रहने या रोजी कमाने का रास्ता चुना हो, उन्हें हम कभी भी पराया नहीं समझेंगे और न मातृभूमि की संस्कृति और धर्म के प्रति उनकी निष्ठा को स्वीकार करने में कभी संकोच करेंगे। वे जहां कहीं भी हैं, भारत की विरासत को लेकर चल रहे हैं, यद्यपि उन्हें हम यह अवश्य सलाह देंगे कि वे अपने पूर्वजों के देश की सहिष्णुता और समन्वय की परंपरा के योग्य उत्तराधिकारी सिद्ध हों। उनका अपना हित इस बात में है और भारत की प्रतिष्ठा के अनुकूल भी यही होगा कि जब वे अपने लाभ के लिए भी काम करें तो जिस देश में वे निवास करते हैं, उसके उदात्त हितों के साथ अपने को एक रूप, एकरस बनाएं और जैसा कि जरूरी है उस देश के कानूनों का पालन करें।'

30 जनवरी, 1999। शहीदी दिवस पर दूरदर्शन पर राष्ट्र के नाम संदेश

'आज महात्मा गांधी जी की शहादत की बरसी है। यह हमारे लिए पुण्य स्मरण का दिवस है। आज के दिन हम उन्हें और उन महान देशभक्तों को याद करते हैं जिन्होंने मातृभूमि के लिए अपना सर्वस्व न्यौछावर कर दिया, यहां तक कि अपना जीवन बलिदान कर दिया। यह आत्ममंथन का दिन है, यह संकल्प का दिन है। यह स्वयं को पुनः समर्पित करने का दिन है। इस वर्ष हम इस पुण्यतिथि को सांप्रदायिक हिंसा और आतंकवाद की एक ऐसी दुखद पृष्ठभूमि में मना रहे हैं, जिसकी वजह से निर्दोष लोगों की जानें गई। मध्य प्रदेश में ननों पर हमले हुए, गुजरात में धार्मिक स्थानों की तोड़फोड़ हुई, उड़ीसा में ग्रहिम स्टेन और उनके दो मासूम पुत्रों की नृशंस हत्या हुई और बिहार में दलितों को बेरहमी से मारा गया। यह राष्ट्र के लिए गहरे शोक का विषय है। हम सभी इन घटनाओं से दुखी हैं। ऐसी हिंसा से सहिष्णुता को हमारी परंपरा और संस्कृति पर कुठाराघात होता है। यह उन सभी बातों के विरुद्ध है, जो हमे गांधी जी और अन्य महापुरुषों ने सिखाई हैं। यहां तक कि विदेशी शासन के बुरे दिनो में भी हमारी परंपरा, हमारी आस्था का संबल बनी रही। यह सर्वपंथ समभाव की भावना के विरुद्ध है, जो हमारे गणतंत्र का आधार है। इन घटनाओं पर राष्ट्रपति जी ने समूचे राष्ट्र की भावनाओं को व्यक्त किया है। मुझे भी लगता है और मैंने कहा भी है कि ये घटनाएं पथभ्रष्टता का उदाहरण हैं और ये हमारी सामूहिक चेतना पर कलंक हैं। हमारे जैसे विशाल और विविधतापूर्ण लोकतंत्र में लोगों के आपसी विचारो में भिन्नता हो सकती है। और है भी। किंतु मतभेदों को अभिव्यक्त करने के लिए हिंसा कोई रास्ता नहीं है, बल्कि बातचीत ही इसका रास्ता है। जैसा कि आप सभी जानते हैं, गांधीजी अत्यधिक धार्मिक थे। उनके लिए आस्था का प्रश्न जीवन और मरण का प्रश्न था। उन्होंने सभी धर्मों के धर्मग्रंथों का गूढ़ अध्ययन किया था। वे विभिन्न धर्मगुरुओं के साथ नियमित रूप से बातचीत करते रहते थे। वे अक्सर एक-दूसरे के विचारों से असहमत भी होते थे, लेकिन फिर भी, उनके व्यक्तिगत

1999 में बस यात्रा के दौरान लाहौर में आयोजित नागरिक अभिनंदन में अटलजी का भाषण

'कल आए थे, आज जा रहे हैं। दुनिया का यही तरीका है। लेकिन मैं अकेला नहीं जा रहा हूं। आया भी अकेला नहीं था। मेरे साथ एक प्रतिनिधिमंडल आया है, एक डेलीगेशन आया है। भारत के चुने हुए लोग। अलग अलग क्षेत्रों में नाम कमाने वाले मेरे साथ आए हैं। मुझे 24 घंटे मिले। लेकिन इन 24 घंटों में मुझे ऐसा लगा है कि दिल्ली और लाहौर की दूरी कुछ कम हो गई है। हम कुछ नजदीक आ गए हैं। कुछ भरोसा बढ़ गया है। साथ मिलकर चलने के लिए कदम में कुछ तेजी आ गई है।

जैसा मैंने कल कहा कि मैं जानबूझ कर बस से आना चाहता था। पहले इरादा वाघा की सीमा से मियां साहब से मिलकर वापस जाने का था। उन्होंने कहा, ऐसा नहीं हो सकता। दरवाजे से लौट जाएं, ये भी बात हुई। घर के भीतर तक आना चाहिए। लाहौर की कई यादें मेरे दिमाग में हैं। मैं पहली बार नहीं आया हूं और आखिरी बार भी नहीं आया हूं। पहली दफा जब मैं आया, अंग्रेजों का राज था। मैं कुहाड़बानी तक गया था। हाई स्कूल का विद्यार्थी था। उस समय अनारकली देखी थी। बाद में जब वज़ीरे ख़ारजा बनने के बाद आया तो रात में पंजाब के गवर्नर साहब से मैंने कहा था कि मेरा जो ऑफिशियल प्रोग्राम है, उसमें अनारकली जाने की कोई सूरत नजर नहीं आती। मगर अनारकली जाए बिना मैं कैसे दिल्ली वापस जा सकता हूं। और रात में मेरे लिए अनारकली जाने का खास इंतजाम किया गया था। इस बार मैं नहीं गया क्योंकि और कलियां नई खिल गई हैं। 24 घंटे के भीतर हमने कुछ फैसले किए हैं, अच्छे फैसले किए हैं। मुझे भरोसा है, आपको पसंद आएंगे। दुनिया हैरान है और हम भी कभी-कभी सोच-सोचकर संकोच में गड़ जाते हैं कि आखिर हम दौड़ में क्यों पिछड़ रहे हैं? कल मियां साहब ने भी यह सवाल उठाया था। यह सवाल हम सबको कुरेदता है। दुनिया कहां से कहां पहुंच गई है। साम्राज्यवाद समाप्त हो गया। कहते हैं, वह ऐसा राज था जिसमें सूरज नहीं डूबता था। मगर सूरज के देखते-देखते वह राज

सरकार गिरने की वजह क्या थी? 1 अप्रैल, 1999 को दूरदर्शन पर राष्ट्र के नाम सन्देश

मेरे प्यारे देशवासियों, आपने लोकसभा के लिए अपने प्रतिनिधि पांच साल के लिए भेजे थे, किंतु सिर्फ 14 महीने में ही वे फिर से आपके पास आ रहे हैं। मेरी तरह आप भी इसकी वजह जानते हैं और आपने देखा कि किस तरह सरेआम यह सारा नाटक रचा गया। ऐसा कोई मुद्दा नहीं था, जिस कारण सरकार गिराई गई। लोकसभा में चर्चा के दौरान तथा बाहर भी मैंने और मेरे सहयोगियों ने बार-बार यही पूछा कि ऐसा कौन-सा मुद्दा है, जिसके लिए सरकार दोषी है और उसके किस गलत आचरण के आधार पर उसे गिराकर देश को रसातल में धकेला जा रहा है? संसद में घंटों चली बहस को आप ही की तरह मैंने भी ध्यानपूर्वक सुना। कोई भी नई चीज मामने नहीं आई। कोई भी ऐसा गंभीर मुद्दा नहीं उठाया गया, जिसके आधार पर यह कहा जाता कि आखिर ऐसा क्यों हो रहा है। जिन्होंने यह काम किया उनके पास कोई मुद्दा नहीं था, मात्र संख्या का खेल था, जो उलटा पड़ा। सरकार अच्छी तरह चल रहीं थी। यह ऐसे कदम उठा रही थी, जिन्हें उठाने से पिछली सरकारें वर्षो तक कतराती रही। ये ऐसे कदम है, जिनसे एक सुदृढ़ भारत का निर्माण होता है।

दक्षिण-पूर्व एशिया के देशों की अर्थव्यवस्थाओं में आए, अब तक के सबसे बड़े संकट से हमारी सरकार ने देश को अर्थव्यवस्था को बचाने के लिए समुचित उपाय किए। विश्वव्यापी मंदी का सामना करते हुए सरकार ने देश को बहाल बनाने की दिशा में कदम बढ़ाए। देश में क्रांति बनी रही। आतंकवाद पर अंकुश लगाया गया।

कभी-कभी मुझे आश्चर्य होता है कि जब कोई मुद्दा ही नहीं था तो ऐसी क्या बात थी कि सरकार गिराई गई। कहीं ऐसा तो नहीं कि भारत को एक मजबूत और खुशहाल राष्ट्र बनाने के लिए हमारे द्वारा जो सभी संभव प्रयास किए जा रहे थे, उनके कारण ही इस सरकार को गिरा दिया है। जब लोकसभा में बहस शुरू हुई थी, तब मैंने पूछा था आपके पास विकल्प क्या है? नई सरकार का नेतृत्व कौन करेगा? किस-किस को लेकर सरकार बनेगी? मेरे इन प्रश्नों का मखौल उड़ाया गया। कहा

1999 में संयुक्त राष्ट्र सुरक्षा परिषद में अटल जी का भाषण

1999 में आतंकवाद की समस्या से निपटने के लिए एक अन्तर्राष्ट्रीय 'कन्वेन्शन' की आवश्यकता पर बल देते हुए श्री वाजपेयी ने कहा था-

'लोकतांत्रिक देशों में आतंकवाद से जूझना काफी कठिन कार्य है। मेरे देश एवं अन्य लोकतांत्रिक देशों के समक्ष अपना लोकतंत्र बनाए रखना, नागरिकों के अधिकारों की रक्षा करना और आतंकवादियों पर नियंत्रण पाना एक चुनौतियों से भरा कार्य है। आतंकवाद एक ऐसा खतरा है, जो हम सभी को समान रूप से चुनौती दे रहा है। आतंकवाद के कारण विश्व-भर में रोजाना मौतें होती हैं। यह अन्तर्राष्ट्रीय अपराधों में सर्वाधिक दुर्दम्य, व्यापक और जघन्य अपराध है और इससे समाज में पुरुषों और महिलाओं के जीवन तथा अन्तर्राष्ट्रीय शांति और सुरक्षा के लिए भारी खतरा है। भारत में हमें लगभग दो दशकों से आतंकवाद से जूझना पड़ रहा है, जिसे हमारे पड़ोसी देश द्वारा मदद देकर भड़काया जा रहा है। हमने इसका काफी सहनशीलता से सामना किया है, लेकिन इस चुनौती का मुंहतोड़ जवाब देने के लिए किसी को भी हमारी क्षमता पर संदेह नहीं करना चाहिए। आतंकवाद विश्व स्तर का खतरा है। इसकी जड़ें विश्व भर में फैल चुकी हैं। आज नशीली दवाओं, हथियारों तथा धन के अवैध व्यापार से इसके संबंध हैं। संक्षेप में, आतंकवाद आज विश्व-स्तर का खतरा बन चुका है, जिसका मुकाबला एक संगठित अन्तर्राष्ट्रीय कार्यवाई से ही किया जा सकता है। हम सब को अपने मन-मस्तिष्क में यह बात हमेशा के लिए बैठा लेनी चाहिए कि आतंकवाद मानवता के प्रति एक अपराध है। एक खुले समाज में एक तरफा उपायों को शायद मान्यता मिल सकती है, अन्तर्राष्ट्रीय समुदायों में स्वीकृति पाना तो और भी कठिन है, अतः विश्व के सभी खुले और सर्वसंग्राहक समुदायों का यह प्रमुख कार्य होना चाहिए कि वे इस खतरे से निपटने के लिए सामूहिक उपाय करें।

डरबन में हुई शिखर बैठक में गुट निरपेक्ष आंदोलन ने ऐसे सामूहिक उपाय विकसित करने के लिए 1999 में एक अन्तर्राष्ट्रीय सम्मेलन बुलाने का आह्वान किया

1 जनवरी, 2000 को नई दिल्ली में अटल जी द्वारा आई सी-814 के यात्रियों को संबोधन

'आपके दुःख में हम शामिल थे, आज आपके सुख में भी शामिल हैं। दुःख बांटने से कम होता है, घटता है और सुख बांटने से बढ़ता है। जिस त्रासदी में से आप लोग निकलकर आए हैं, उसका थोड़ा-सा अनुमान हम लगा सकते हैं। आपकी पीड़ा का पूरा ज्ञान हम नहीं पा सकते हैं। पहले दिन से हमने यह फैसला कर लिया था कि हम दो काम करेंगे। एक तो सभी यात्रियों को, चालकों को, जिनका अपहरण हुआ है, उनको सही सलामत वापस लाएंगे।

यह पहले ही दिन से हमारा संकल्प था, हमारा निश्चय था। मैं जानता हूं, परिवार के बहुत से लोगों को इसका भरोसा नहीं होता था। वे कहते थे, बताइए, आप कब लाएंगे? हम कोई तारीख नहीं बता सकते थे, लेकिन हमारा विश्वास था कि हम सबको सही सलामत वापस लाने में सफल होंगे और वह उद्देश्य पूरा हो गया। दूसरा, उसके साथ हमने यह भी कहा था कि हम राष्ट्र के हितों पर आंच नहीं आने देंगे। कोई ऐसा काम नहीं करेंगे, जिससे राष्ट्र के हितों पर आंच आए राष्ट्र के हित संकट में पड़ें।

आप देख रहे हैं कि आप सब लोग वापस आ गए हैं, लेकिन अपहरण करने वालों का और उनका साथ देने वालों को जो इरादा था शुरू से कि वे अपहरण के द्वारा कश्मीर को एक अंतर्राष्ट्रीय सवाल बनाएंगे, इसमें उनको सफलता नहीं मिली, इसमें उनको कामयाबी नहीं मिली, निराशा ही उनके हाथ लगी। अगर कोई अंतर्राष्ट्रीय सवाल बना, अगर किसी सवाल ने सारी दुनिया का ध्यान खींचा तो वह हाईजेकिंग था और हाईजेकर कटघरे में खड़े हैं। उनके लिए यह मुश्किल हो रहा है कि वे किस देश में मुंह छिपाएं। वैसे उनके भी मददगार हैं और मददगार उनको पीछे से मदद देते थे। लेकिन हमने इसको अंतर्राष्ट्रीय सवाल नहीं बनने दिया। उनकी कोशिश थी कि मामला यूनाइटेड नेशंस में जाए, सिक्योरिटी काउंसिल के सामने इस पर चर्चा हो। मैंने देखा कि किसी ने आलोचना की है कि भारत का साथ किसी ने नहीं दिया।

6 फरवरी, 2000 को हिन्द समाचार समूह के समक्ष जालंधर में दिया गया भाषण

'जो धनराशि हिन्द समाचार-पत्र समूह के प्रयासों से एकत्र हुई थी, वो मुझे मिल गई है। अर्थ का काम हो गया, बाकी का तो सब व्यर्थ है। जिनके भाषण होने चाहिए थे, उनके भाषण भी हो गए, मुझे तो केवल धन्यवाद देना है। मैं पिछली बार भी कार्यक्रम में आया था। वास्तव में हिन्द समाचार-पत्र समूह ने जो कार्य किया है, उसका उदाहरण मिलना मुश्किल है। देश के और भी कई भागों में, और भी अन्य भाषाओं में शहीदों के लिए, कारगिल के शहीदों के लिए, उड़ीसा की त्रासदी के लिए धन एकत्र करने का काम हुआ है। लेकिन इतने बड़े पैमाने पर और इतने यत्नपूर्वक ऐसा प्रयत्न करने के लिए विजय जी को मैं बधाई देना चाहता हूं। जिन्होंने धन दिया है, मैं उनका भी आभारी हूं। बूंद-बूंद से सागर भरता है, ये सुना बहुत है, लेकिन थोड़ी व छोटी-छोटी रकम से इतनी बड़ी मात्रा में धन का एकत्रीकरण, सचमुच में ये प्रयासों का व पत्र की लोकप्रियता का द्योतक है।

युद्ध के मैदान में जवान लड़ते हैं, पहाड़ों की चोटियों पर अपने पुरुषार्थ का प्रदर्शन करते हैं, जान पर जूझते हैं, बलिदान होते हैं, लेकिन लड़ाई से अप्रत्यक्ष जुड़ा हुआ आम नागरिक क्या करें? वो धन दे सकता है। केवल एक बार नहीं, बार-बार दे सकता है और भी युद्ध से जुड़े हुए काम कर सकता है। नागरिक सक्रिय सहयोग दे रहा है। उसे यह दिखायी देना चाहिए और उसके मन को भी इस बात की शांति मिलनी चाहिए कि मेरा भी कुछ योगदान है।

कारगिल की लड़ाई सचमुच में एक अनूठी लड़ाई थी, ऐसी लड़ाई हमने पहले कभी नहीं देखी। लड़ाई का जो स्थल था, युद्ध का जो क्षेत्र था, उसको बिना देखे हुए आप उसकी कल्पना नहीं कर सकते। टेलीविजन के माध्यम से इस बार तो लड़ाई हम आप लोगों के घर में भी पहुंच गई, बैठक में भी पहुंच गई और इसलिए अब लड़ाई की बात तो गोपनीय नहीं है। किस तरह से पाकिस्तानी अपने जवानों की लाशें छोड़कर भाग गए, यह वहां साफ दिखाई देता था और किस तरह उन पाकिस्तानी

14 अप्रैल, 2000 को भारतीय श्रम सम्मेलन के 36वें सत्र में अटल जी का भाषण

'भारतीय श्रम सम्मेलन के 36वें सत्र में आपके बीच आकर मुझे हार्दिक प्रसन्नत हो रही है। कई वर्षों से 'भारतीय श्रम सम्मेलन' श्रम से संबंधित विभिन्न मुद्दों प विचार-विमर्श करने और इसकी वास्तविक शिकायतों को दूर करने हेतु आम सहमति बनाने के लिए एक उपयोगी संस्थागत मंच के रूप में विकसित हुआ है। केन्द्र औ राज्य सरकारों की एजेंसियों, विभिन्न श्रम संगठनों तथा नियोक्ता संगठनों की सक्रिय भागीदारी भी इस सम्मेलन को एक आदर्श संस्था का रूप प्रदान करती है। इससे राष्ट्र की विकास संबंधी नीतियों और प्राथमिकताओं के व्यापक संदर्भ में श्रम से जुड़े मुद्दे पर विचारों का खुलकर आदान-प्रदान करने में मदद मिलती है।

मित्रों, यह सम्मेलन एक बहुत ही महत्त्वपूर्ण दिवस पर आयोजित किया जा रह है। आज अंबेडकर जयंती है। जटिया जी ने इसका उल्लेख किया था। डॉ. बाबा साहेब अंबेडकर को भारतीय संविधान के निर्माण में उनके बहुमूल्य योगदान के लिए तो याद किया जाता ही है, लेकिन उन्हें श्रम आंदोलन से लंबे समय तक और स्थायी रूप से जुड़े रहने के लिए भी याद किया जाता है। आजादी से पहले उन्होंने त्रिपक्षीय श्रम सम्मेलन के चार सत्रों की अध्यक्षता की थी। वे आजादी के बाद पहले केन्द्रीय श्रम मंत्री भी थे। उन्होंने हमें बताया है कि सभी को सामाजिक और आर्थिक न्याय दिए बगैर राजनीतिक स्वाधीनता अपूर्ण है।

श्रम इस पृथ्वी पर समस्त आपदाओं और जीवन को चलायमान रखने की समस्त गतिविधियों का आधार है। यदि हम अपने चारों ओर दृष्टि डालें तो हमें पता चलत है कि जो भी प्रकृति द्वारा प्रदत्त नहीं हुआ है, वह मानव श्रम द्वारा प्रदान किया गय है। वस्तुतः कर्म करना मानव प्रकृति का महत्त्वपूर्ण गुण है। हमारे प्राचीन पूर्वजों ने हमें यह शिक्षा दी है- योगः कर्मसु कौशलम् (कौशल के साथ, ध्यान एकत्र करना, इस प्रकार जो कार्य होता है, वही योग है।)

चूंकि श्रमिक समाज की सभी जरूरतों का ध्यान रखता है, अतः हर एक सभ्य

17 अप्रैल, 2000 को बजट सत्र की समाप्ति पर अटल जी का भाषण

'अध्यक्ष महोदय,

बजट सत्र अपनी समाप्ति पर है। हर बजट सत्र महत्त्वपूर्ण होता है।

अध्यक्ष महोदय, सबसे पहले मैं, आपने जिस कुशलता से सदन का संचालन किया है, उसके लिए आपको बधाई देना चाहता हूं। सचमुच में, आपका धैर्य बड़ा गहरा है। बार-बार उसकी परीक्षा होती है और आप सफलता से निकल आते हैं। मेरा विश्वास है कि आपका यह धैर्य बना रहेगा और हमारे आचरण की मर्यादा भी कायम रहेगी। जैसा मैं कह रहा था, बजट सत्र है, समाप्ति पर है, महत्त्वपूर्ण है। 18.00 घंटे बजट पर मतभेद हुआ करते हैं, पहली दफा मतभेद नहीं हुए हैं, लेकिन शायद पहली दफा प्रतिपक्ष ने इसको एक मुद्दा बनाकर अखाड़े में उतरने की तैयारी की है।

हमने कहा था कि जो भी बोझ देश पर लादा जा रहा है, उसके बारे में हम विचार करेंगे और उन्हें एक तर्कसंगत रूप देंगे। हमें आश्चर्य हुआ, जब मुख्य विरोधी दल ने, मुख्य प्रतिपक्ष ने, जिन्हें शासन चलाने का अनुभव है और जो फिर से शासन में आने की बाट जोह रहे हैं, यद्यपि उनकी आशा पूरी होती दिखाई नहीं देती, लेकिन एक यथार्थवादी दृष्टिकोण बनाकर, अगर हम आर्थिक क्षेत्र में नहीं चलेंगे और संकुचित दलबन्दी से बंधे रहेंगे तो इस देश की नैया को पार लगाना बहुत मुश्किल होगा। कल डॉ. मनमोहन सिंह जी ने राज्यसभा में भाषण दिया, वह हमारी इस बात की पुष्टि करता है कि सत्ता पक्ष में भी बुद्धिमान लोग हैं, सत्तापक्ष में भी दूरदर्शी लोग हैं। उनके भाषण को नकारा नहीं जा सकता, वह रिकॉर्ड का विषय है। उसे ध्यान से पढ़ना चाहिए। अध्यक्ष महोदय, एक बात मेरी समझ में नहीं आती, आप क्षमा करेंगे क्या सभी स्टैंडिंग कमेटियों की सभी सिफारिशें हमेशा सरकार द्वारा मंजूर की जायेंगी। फिर शिकायत क्या हो रही है? आज जिस सर्वसम्मत रिपोर्ट की बात कही जा रही है, क्या आपको मालूम है, उसमें हमारे भी सदस्य हैं। उन्होंने 'नोट ऑफ डिसेंट' नहीं देना है, यह सोचकर नोट नहीं लगाया है, वरना कोई भी रिपोर्ट ऐसी नहीं आ सकती जिसमें हमारे सदस्यों की टिप्पणी न होती और वे अपना विरोध प्रकट न करते।'

25 अप्रैल, 2000 को राष्ट्रपति के अभिभाषण पर धन्यवाद प्रस्ताव के समय लोकसभा में उत्तर

'अध्यक्ष महोदय,

महामहिम राष्ट्रपति जी ने संसद के संयुक्त अधिवेशन में जो अभिभाषण दिया और जिस पर हम चर्चा कर रहे हैं, उसके लिए सारा सदन उनका आभारी है तथा उन्हें धन्यवाद देता है। अभी राष्ट्रपति जी फ्रांस की सफल राजकीय यात्रा करके आए हैं, जिससे भारत की प्रतिष्ठा बढ़ी है और फ्रांस के साथ हमारे मैत्री संबंधों में और भी प्रगाढ़ता आई है।

अध्यक्ष महोदय, इस चर्चा में 28-29 माननीय सदस्यों ने भाग लिया। श्रीमती सोनिया गांधी ने अपना मेडन भाषण दिया, इसके लिए मैं उन्हें बधाई देता हूं। राष्ट्रीय जनतांत्रिक गठबंधन की हमारी सरकार दो वर्ष से अधिक समय से काम कर रही है। यह ठीक है कि बीच में एक चुनाव हुआ था और 12वीं लोकसभा की जगह हम 13वीं लोकसभा के सदस्य हैं, लेकिन दो साल के कार्यकाल को उसकी समग्रता में देखकर ही हम ठीक-ठीक मूल्यांकन कर सकते हैं।

अध्यक्ष महोदय, मेरा निवेदन है कि हम थोड़ा पीछे मुड़कर देखें। कारगिल पहुंचने के लिए पोखरण तक जाना होगा। पोखरण के समय क्या स्थिति थी? देश की शक्ति भले ही प्रकट हुई हो, लेकिन अंतर्राष्ट्रीय जगत में हमें तीव्र आलोचना का शिकार होना पड़ा था। इतना ही नहीं, घर में भी कुछ आवाजें सुनाई दी थीं, जिनमे कहा गया था कि पोखरण के कारण भारत अलग-थलग पड़ जाएगा। पोखरण से कारगिल रास्ता गया, दोनों मई महीने में हुए। एक 1998 में हुआ और दूसरा 1999 में हुआ। लेकिन दोनों में कितना अंतर है, क्या कोई कह सकता है कि भारत हमारी नीति के कारण अलग-थलग पड़ गया है? क्या कोई कह सकता है कि भारत की दुनिया में साख गिरी है? हम भी आलोचना करते थे और फिर अगर उधर बैठने का मौका मिला तो आपको बताएंगे कि कैसे आलोचना की जाती है।

अब अगर आप हमें मौका नहीं देंगे तो हम मजबूर हैं। अध्यक्ष महोदय, अभी भी

29 जून, 2000 को पुर्तगाली राष्ट्रपति आयोजित भोज के अवसर पर अटल जी का भाषण

'महामहिम राष्ट्रपति जॉर्ज सेम्पीओ, उपस्थित महानुभावों, प्रतिष्ठित अतिथिगण, देवियों एवं सज्जनों!

राष्ट्रपति महोदय, आपने मेरे स्वागत में जो शब्द कहे हैं, उसके लिए मैं आपको धन्यवाद देता हूं। आज लिस्बन के खूबसूरत शहर में आकर मुझे और मेरे प्रतिनिधिमंडल को काफी प्रसन्नता हो रही है। हमें खुशी है कि यह द्विपक्षीय दौरा सफलतापूर्वक संपन्न हुआ एवं भारत-यूरोपीय संघ शिखर बैठक के मौके पर ही हुआ।

मैं इस अवसर पर कल संपन्न हुई पहली भारत-यूरोपीय संघ शिखर बैठक की सफलता में पुर्तगाल द्वारा महत्त्वपूर्ण भूमिका निभाने के लिए उनकी गहरी रुचि और ठोस प्रयासों की प्रशंसा करता हूं। यूरोपीय संघ की प्रभावशाली अध्यक्षता के दौरान पुर्तगाल द्वारा की गई महत्त्वपूर्ण पहल की सूची में अब इस शिखर बैठक को भी जोड़ा जा सकता है। लिस्बन शिखर बैठक का घोषणा पत्र, जिसे कल जारी किया गया था, वास्तव में यह एक अनूठा वक्तव्य है, जो भारत और यूरोपीय संघ के बीच संबंधों को नई दिशा और महत्त्व प्रदान करता है।

भारत, यूरोपीय संघ के साथ, जिसका पुर्तगाल एक महत्त्वपूर्ण सदस्य है, अपनी राजनीतिक बातचीत और वाणिज्यिक संबंधों को आगे बढ़ाने को सर्वोच्च प्राथमिकता देता है। हमें खुशी है कि एक ओर जहां यूरोपीय संघ के साथ हमारी बातचीत में प्रगति हुई है और उसमें विविधता आई है, वहीं दूसरी ओर पुर्तगाल के साथ हमारे द्विपक्षीय संबंध भी सुदृढ़ हुए हैं। पिछले 50 वर्षों में हमारे संबंध काफी गहरे हुए हैं और हमने अपने संबंधों को आधुनिक विश्व के गतिशील राजनीतिक परिप्रेक्ष्य और आर्थिक चुनौतियों के अनुरूप ढाला है। पिछले दो दिनों की चर्चाओं से मैं पुनः आश्वस्त हुआ हूं कि हमारे संबंधों को गहरा और स्थायी बनाने में दोनों पक्षों की ओर से काफी रुचि दिखायी गई है।

हमें खुशी है कि राजनीतिक मोर्चे पर हमने आपसी हित के अनेक मुद्दों पर

9–10 सितंबर, 2000 को न्यूयॉर्क में '21वीं शताब्दी में चिकित्सा के नए आयाम' पर भाषण

'न्यूयॉर्क में आयुर्वेद पर आयोजित इस तीसरी संगोष्ठी में भाग लेते हुए और आपके बीच उपस्थित होकर मुझे बड़ी प्रसन्नता हो रही है। मुझे खुशी है कि यह कार्यक्रम भारतीय विद्या भवन, अखिल भारतीय आयुर्वेद कांग्रेस, भारतीय उद्योग परिसंघ, भारतीय चिकित्सा पद्धति तथा होम्योपैथी विभाग मिलकर आयोजित कर रहे हैं। इस संगोष्ठी में भारत और अमेरिका के आयुर्वेद के विशेषज्ञ एकत्र हुए हैं, जो अपने विचारों और अनुभवों का आदान–प्रदान करेंगे। इससे न केवल अमेरिका और अन्य पश्चिमी देशों में आयुर्वेद के प्रचार–प्रसार में मदद मिलेगी, बल्कि भारत को भी इससे लाभ मिलेगा।

जबकि विश्व ने एक नई शताब्दी और नई सहस्त्राब्दी में प्रवेश कर लिया है, तब आयुर्वेद जैसी प्राचीनतम चिकित्सा पद्धति के बारे में लोगों में आस्था पैदा होना अपने आप में एक सुखद और विस्मयकारी बदलाव है। इससे यह साबित होता है कि आयुर्वेद भले ही जन्म से प्राचीन रहा हो, लेकिन यह उपयोगिता की दृष्टि से उत्तम स्वास्थ्य मुहैया कराने में उतना ही आधुनिक और समर्थ है जितनी कि अन्य चिकित्सा पद्धतियां। सही मायने में, आयुर्वेद रोग निवारण की पद्धति उतनी नहीं है जितनी कि यह एक समग्र जीवन की पद्धति है। आयुर्वेद जीवन जीने की एक कला है।

हम जीवन कैसे जिएं, हम अच्छा स्वास्थ्य कैसे प्राप्त करें और अच्छे स्वास्थ्य के आधार पर सुख एवं शांति का आनंद कैसे उठाएं, इसकी शिक्षा आयुर्वेद से हमें मिलती है। आयुर्वेद भारतीय जीवन दर्शन का एक अभिन्न अंग है। इस दर्शन ने हमें सिखाया है कि सृष्टि को टुकड़ों में मत देखो, बल्कि उसको समष्टि रूप में देखो। किसी भी विषय का एकांगी अधययन मत करो, बल्कि उसे सम्यक दृष्टि से जानने की कोशिश करो। आयुर्वेद का यही चिंतन है। आयुर्वेद मनुष्य के स्वास्थ्य को सिर्फ शरीर या उसके किसी अवयव के स्वास्थ्य अथवा मानसिक स्वास्थ्य अथवा भावात्मक स्वास्थ्य को टुकड़ों में नहीं देखता है, बल्कि यह मानव जीवन को सम्यक

24 जुलाई, 2001 को भारत और पाकिस्तान के बीच शिखर वार्ता के बारे में संसद में भाषण

'अध्यक्ष महोदय, माननीय सदस्यों को याद होगा कि पाकिस्तान के राष्ट्रपति परवेज मुशर्रफ को भारत आने का निमंत्रण दिया गया था।

उनकी यात्रा से पहले मैंने भारत-पाकिस्तान संबंधों की भावी संभावनाओं के बारे में राजनीतिक दलों के नेताओं, प्रतिष्ठित व्यक्तियों, मीडिया प्रतिनिधियों तथा बुद्धिजीवियों के साथ व्यक्तिगत और संयुक्त रूप से विचार-विमर्श किया था। उन्होंने लगभग सर्वसम्मति से हमारे इस विचार का समर्थन किया था कि इस यात्रा को पाकिस्तान के साथ स्थाई शांति और मैत्रीपूर्ण सहयोग के लिए अवसर तलाशने के संदर्भ में देखा जाना चाहिए। शिमला समझौता तथा लाहौर घोषणा के आधार पर हम चाहते थे कि निमंत्रण तथा तत्पश्चात् यात्रा के माध्यम से बातचीत के व्यापक ढांचे को सुदृढ़ किया जाए ताकि जम्मू और कश्मीर सहित सभी बकाया द्विपक्षीय मुद्दों पर आगे बढ़ा जा सके। हमने सीमा-पार से जारी आतंकवाद को भी बातचीत के एक महत्त्वपूर्ण विषय के रूप में रखा था।

यात्रा से पहले सौहार्दपूर्ण वातावरण और विश्वास का माहौल पैदा करने के लिए सरकार ने कुछ महत्त्वपूर्ण निर्णयों की घोषणा की थी जो शांति और सुरक्षा, परमाणु और गैर-परमाणु हथियारों के बारे में विश्वास पैदा करने के उपायों, दोनों देशों के लोगों के बीच परस्पर संपर्क, जनहित से जुड़े मुद्दे, शिक्षा, युवाओं का एक दूसरे के देश में आना-जाना तथा व्यापार से संबंधित थे। हमारा विश्वास है कि भारत तथा पाकिस्तान के लोगों द्वारा इन निर्णयों का व्यापक स्वागत किया गया है। सरकार इनके क्रियान्वयन के लिए प्रतिबद्ध है।

राष्ट्रपति मुशर्रफ, बेगम मुशर्रफ के साथ 14 जुलाई को नई दिल्ली आए थे। उन्हे पूरा सम्मान दिया गया। उन्होंने राष्ट्रपति से मुलाकात की और राष्ट्रपति ने उन्हें राजकीय भोज दिया। उप-राष्ट्रपति, गृह मंत्री, विदेश और रक्षा मंत्री और लोकसभा में विपक्ष की नेता ने उनसे मुलाकात की। मैंने उनके सम्मान में दोपहर का भोज दिया।

2002 के स्वाधीनता दिवस पर अटल जी का भाषण

प्यारे देशवासियों, स्वाधीनता दिवस पर आप सबको मेरी हार्दिक शुभकामनाएं और प्यारे बच्चों...तुम तो देश का भविष्य हो, तुम्हें ढेर सारा प्यार और आशीर्वाद। हाल ही के कॉमनवेल्थ खेलों में भारत का मस्तक ऊंचा करने वाले सभी खिलाड़ियों को मैं विशेष बधाई देना चाहता हूं। खासकर महिलाओं को, जिन्होंने दिखा दिया है कि वे पुरुषों से किसी मामले में कम नहीं हैं। मुझे उम्मीद है कि ओलंपिक खेलों में भी भारत के खिलाड़ी इसी प्रकार से सफलता हासिल करेंगे। हमारा नमन है...अपनी सेनाओं, अर्द्धसैनिक बलों और पुलिस के उन जवानों को, जिन्होंने आतंकवाद को परास्त करने में अपना जीवन दांव पर लगा दिया। नमन उन शहीदों को भी, जिन्होंने 13 दिसंबर को संसद पर हुए आतंकी हमले को विफल कर दिया। आतंकवाद एक नासूर बन चुका है। वह मानवता का दुश्मन है, हमारा पड़ोसी अतंर्राष्ट्रीय स्तर पर तो आतंकवाद का विरोध करने का दावा करता है, लेकिन इस क्षेत्र में उसके दोहरे मापदंड हैं। युद्ध में सफलता नहीं मिली तो सीमा पार आतंकवाद के सहारे कश्मीर को लेना चाहता है। हम एक बार फिर कहना चाहते हैं कि जम्मू-कश्मीर भारत का अटूट अंग है और रहेगा। अमरनाथ यात्रियों की निर्मम हत्या, कालूचक और कासिम नगर में औरतों और बच्चों की निर्मम हत्या को दुनिया किसी आजादी की लड़ाई का हिस्सा नहीं मानती। हमारे लिए कश्मीर एक जमीन का टुकड़ा नहीं है, वह सर्वधर्म समभाव सेक्युलरिज्म की कसौटी है। सेक्यूलर राष्ट्र की कसौटी पर हम सदैव खरे उतरे हैं। जम्मू-कश्मीर इसका जीता जागता उदाहरण है और यही कश्मीरीयत है। जम्मू-कश्मीर में सीमा पार से चलाए जा रहे आतंकवाद को हम परास्त करेंगे, यह हमारा संकल्प है। पाकिस्तान के साथ हम अच्छे पड़ोसी की तरह रहना चाहते हैं। लाहौर यात्रा और आगरा वार्त्ता इसके सबूत हैं। भारत सभी सवालों को शांतिपूर्ण ढंग से बातचीत के द्वारा हल करना चाहता है। हम इस दिशा में कुछ और भी कदम उठाने को तैयार हैं, लेकिन इसके लिए उपयुक्त वातावरण बनाना जरूरी है। जम्मू कश्मीर

23 अप्रैल, 2003 को संसद में जम्मू-कश्मीर के दो दिवसीय दौरे के संबंध में भाषण

'अध्यक्ष महोदय, मैं 18 और 19 अप्रैल को जम्मू-कश्मीर के दो दिवसीय दौरे पर गया था।

श्रीनगर में प्रमुखतः मेरे पांच कार्यक्रम थे। पहला कार्यक्रम, श्रीनगर हवाई अड्डे के आधुनिकीकरण की योजना का शिलान्यास करना। इस परियोजना से श्रीनगर हवाई अड्डे की क्षमता दुगुनी हो जाएगी। हम चाहते हैं कि श्रीनगर से अंतर्राष्ट्रीय विमान सेवाएं शुरू हो जाएं।

दूसरा कार्यक्रम, राष्ट्रीय राजमार्ग विकास योजना से संबंधित था। इसके अंतर्गत श्रीनगर से कन्याकुमारी तक सीधी जाने वाली चार लेन हाईवे के काम का शुभारंभ किया गया। जम्मू-कश्मीर के नए मुख्यमंत्री श्री मुफ्ती मोहम्मद सईद साहब का आग्रह था कि इस योजना का काम कश्मीर घाटी में जल्द-से-जल्द शुरू होना चाहिए।

मैंने आम सभा में कश्मीर की जनता को चुनाव में बड़ी संख्या में भाग लेने के लिए बधाई दी। उन्होंने जान पर खेलकर वोट डाले थे। मैंने उन्हें यह आश्वासन दिया कि 'हम आपके दुःख-दर्द में शामिल होने के लिए आए हैं। आपको जो भी शिकायत हो, उसको मिलकर दूर करिए। दिल्ली का दरवाजा खटखटाइए। दिल्ली अपना दरवाजा आपके लिए कभी बंद नहीं करेगी। आपके लिए दिल का दरवाजा भी खुला रहेगा।'

मैंने जम्मू-कश्मीर की जनता को विश्वास दिलाया कि हम बातचीत के जरिए सभी मसलों को हल करना चाहते हैं-घर के मसले भी और बाहर के मसले भी। मैंने इस बात पर जोर दिया कि बन्दूक से मामले हल नहीं होंगे। भाईचारे से होंगे। इंसानियत, जम्हूरियत तथा कश्मीरियत इन तीन उसूलों के आधार पर हम चलें तो समस्याएं हल हो सकती हैं।

मैंने अपने भाषण में पाकिस्तान के साथ दोस्ती का हाथ बढ़ाने की भी बात की थी। साथ ही यह भी कहा था कि हाथ दोनों तरफ से बढ़ना चाहिए। दोनों तरफ से फैसले होने चाहिए कि हम मिलकर चलेंगे।

संसद में भ्रष्टाचार पर अटल जी का भाषण

'अध्यक्ष महोदय, जो मामला अदालत में है, मैं उसे यहां उठाकर किसी व्यक्ति के अधिकारों पर अंकुश लगाना नहीं चाहता। मैं तो सरकार की आलोचना करने जा रहा था, हाईकोर्ट ने जो फैसला दिया, उसे सीबीआई को अमल में लाना चाहिए था और जो कंप्लेंट थी, उसको एफआईआर के तौर पर दर्ज करना चाहिए था। लेकिन सीबीआई ने कहा कि हम हाईकोर्ट के फैसले के खिलाफ सुप्रीम कोर्ट में जाएंगे, स्पेशल पिटिशन लेकर। जब मेरी सरकार चल रही थी, तब यह मामला आया था। इस पर लॉ मिनिस्टर की राय ली गई थी। लॉ मिनिस्टर की राय थी कि सीबीआई को सुप्रीम कोर्ट में जाने की जरूरत नहीं है और सीबीआई हाईकोर्ट के आदेश का पालन करें, एफआईआर ठीक तरह से दर्ज करें, जिससे आगे की कार्यवाही चल सकें। आखिरी दिन था, मेरे पास वक्त नहीं था कि मैं पूरी फाइल देख सकूं, मैंने अपने नोट में लॉ मिनिस्टर की राय का हवाला दिया और नई सरकार पर मामला छोड़ दिया। क्या नई सरकार के लिए जरूरी था कि वह सीबीआई को सुप्रीम कोर्ट में जाने की इजाजत देती। हाइकोर्ट का निर्णय पर्याप्त होना चाहिए था। हाइकोर्ट ने सीबीआई के खिलाफ स्ट्रक्चर पास किए। हाइकोर्ट का आरोप है कि सीबीआई ने उसको अंधेरे में रखा...मेरे पास जजमेंट है। मैं उसको उद्धृत कर सकता हूं। क्या जरूरत थी सुप्रीम कोर्ट में जाने की...और सुप्रीम कोर्ट में जाने का नतीजा क्या हुआ कि यह सुप्रीम कोर्ट के ऑर्डर की कॉपी है, सुप्रीम कोर्ट ने डिसमिस कर दिया और कहा कि आप हाइकोर्ट में वापस जाइए और सीबीआई को वापस आना पड़ा। मैं सरकार से पूछना चाहता हूं, देवगौड़ा जी कह रहे हैं हमने कोई फैसला नहीं किया, क्या यह महत्त्वपूर्ण मामला नहीं था? अब अगर इस फैसले के पीछे यह भावना देखी जाए कि जो आपको राजनीतिक दृष्टि से समर्थन दे रहे हैं और जिनके बल पर आपकी सरकार टिकी हुई है, आप उनको बचाना चाहते हैं, उनकी रक्षा करना चाहते हैं। मुझे इस सवाल का उत्तर चाहिए। अगर मैं उस दिन फैसला करता तो मुझे कहा जाता कि वो 28 तारीख थी, जब आपकी सरकार तो जा रही है, आपको तो अलविदा कहा जा रहा है, आपने ऐसा फैसला क्यों किया। मगर अब तो मैं सरकार में नहीं हूं, अब मुझे जवाब चाहिए। अध्यक्ष महोदय, यूरिया के घोटाले में जो तथ्य सामने आए हैं, वो तो चौंकाने वाले हैं। पांच साल हम घोटालों से जूझते रहे, एक के बाद एक घोटाला उजागर होता रहा,

सावरकर पर अटल जी का वक्तव्य

सावरकर माने तेज, सावरकर माने त्याग, सावरकर माने तप, सावरकर माने तत्त्व, सावरकर माने तर्क, सावरकर माने तारुण्य, सावरकर माने तीर, सावरकर माने तलवार, सावरकर माने तिलमिलाहट, सावरा प्राण पर मरला, तिलमलाती हुई आत्मा, सावरकर माने तितिक्षा, सावरकर माने तीखापन, सावरकर मणये तीखण, कैसे बहुरंगी व्यक्तित्व. .कविता और क्रांति। देशपांडे जी मुझे क्षमा करें, मेरा भी परिचय कराया गया है शायर के रूप में। कविता और भ्रांति तो साथ-साथ चल सकती है, लेकिन कविता और क्रांति का साथ-साथ चलना बहुत मुश्किल है। कविता माने कल्पना, शब्दों के संसार का सृजन, ऊंची उड़ान और कभी-कभी ऊंची उड़ान में अगर धरातल से पांव उठ जाए, वास्तविकता से नाता टूट जाए तो कवि को शिकायत नहीं होगी। उसके आलोचक भी इस बात के लिए उसकी टीका नहीं करेंगे। मगर सावरकर जी का कवि ऊंची-से-ऊंची उड़ान भरता था। सावरकर में ऊंचाई भी थी और गहराई भी थी। मगर उन्होंने यथार्थ की धरती से कभी नाता नहीं तोड़ा। मैंने सेल्युलर जेल में, अंडमान द्वीप में वो कोठरी देखी है, जिसमें सावरकर जी को अपने जीवन का बहुत महत्त्वपूर्ण अंश तिल-तिल जलकर मिटाना पड़ा था। सावरकर जी की अतिरिक्त सुरक्षा का प्रबंध था। कमरे के बाहर कोठरी...काल कोठरी के बाहर एक कोठरी, और कैदियों से तो तालाब के बाहर जाकर मिला जा सकता था, मगर सावरकर जी की कोठरी के आगे भी एक कोठरी बनाकर सींखचे खड़े कर दिए गए। सागर का किनारा, पता नहीं सागर और सावरकर का क्या संबंध था। गोदावरी ने भी सावरकर जी को प्रभावित किया था। वो जिस तरह से जहाज से सागर में कूद पड़े... स्वतंत्रता के लिए छलांग लगा दी, उत्तान सागर की तरंगें...अनंत सागर, अपार जलराशि, कहां किनारा है, कौन-सा ठिकाना मिलेगा, इसका भरोसा नहीं, मगर अन्तःकरण में एक संकल्प, मैं पराधीनता स्वीकार नहीं करूंगा। ऐसा संकल्प, ऐसा पराक्रम, ऐसा पौरुष..सागर से दो-दो हाथ करने का फैसला और फिर उन्हें सागर के किनारे काले पानी की सजा। मैंने वो कोल्हू भी देखा है, जिसमें कैदियों को जोतकर तेल निकालना पड़ता था। सावरकर जी ने अपनी जीवनी में इन सारे प्रसंगों का उल्लेख किया है। मगर सागर के किनारे उस

भारत रत्न अटल बिहारी वाजपेयी

इतिहास अपने आप को दोहराता है। यह शाश्वत सत्य है। महाभारत काल में हमें भीष्म पितामह का चरित्र मिलता है जिन्होंने राजनीति की एक नई इबारत लिखी। द्वापर की यही मिसाल दोहराई गई कलियुग में। स्वतंत्र भारत में एक ऐसा राजनीतिक नक्षत्र उदित हुआ जिसकी ख्याति केवल भारत में ही नहीं बल्कि दुनिया में फैली। एक ऐसा चरित्र जिसने अपने राजनीतिक विरोधियों की भी प्रशंसा की।

भारत रत्न अटल बिहारी वाजपेयी

जीवन परिचय

भारत की माटी में एक विशेष बात रही है कि इस माटी ने समय-समय पर ऐसे वीरों को जन्म दिया है, जिन्होंने विचारधाराओं का संरक्षण करने हेतु मातृभूमि के प्रति अपना सर्वस्व न्यौछावर कर दिया। उन्हीं महापुरुषों में से एक अटल बिहारी वाजपेयी भी थे। जिन्हें राजनीति में होने के बाद भी अच्छे स्वाभाव और व्यवहार के कारण अजातशत्रु की उपाधि प्राप्त थी। वह भारतीय राजनीति के पितामह भी कहे जाते हैं।

आरम्भिक जीवन

उत्तर प्रदेश में आगरा जनपद के प्राचीन स्थान बटेश्वर के मूल निवासी पण्डित कृष्ण बिहारी वाजपेयी मध्य प्रदेश की ग्वालियर रियासत में अध्यापक थे। वहीं शिन्दे की छावनी में 25 दिसम्बर, 1924 को ब्रह्ममुहूर्त में उनकी सहधर्मिणी कृष्णा वाजपेयी से अटल जी का जन्म हुआ था। पिता कृष्ण बिहारी वाजपेयी ग्वालियर में अध्यापन कार्य तो करते ही थे इसके अतिरिक्त वह हिन्दी व ब्रज भाषा के सिद्धहस्त कवि भी थे। पुत्र में काव्य के गुण वंशानुगत परिपाटी से प्राप्त हुए। महात्मा रामचन्द्र वीर द्वारा रचित अमर कृति श्विजय पताकाश पढ़कर अटल जी के जीवन की दिशा ही बदल गयी। अटल जी की बी.ए. की शिक्षा ग्वालियर के विक्टोरिया कॉलेज जिसे वर्तमान

में लक्ष्मीबाई कालेज कहा जाता है, में हुई। छात्र जीवन से वह राष्ट्रीय स्वयंसेवक संघ के स्वयंसेवक बने और तभी से राष्ट्रीय स्तर की वाद-विवाद प्रतियोगिताओं में भाग लेते रहे।

संसद में चार दशक

वह चार दशकों तक भारतीय संसद के सदस्य रहे। लोकसभा, निचले सदन, दस बार, और दो बार राज्य सभा, ऊपरी सदन में चुने गए थे। उन्होंने लखनऊ के लिए संसद सदस्य के रूप में कार्य किया, सन् 2009 तक उत्तर प्रदेश जब स्वास्थ्य सम्बन्धी चिन्ताओं के कारण सक्रिय राजनीति से सेवानिवृत्त हुए। अपना जीवन राष्ट्रीय स्वयंसेवक संघ के प्रचारक के रूप में आजीवन अविवाहित रहने का संकल्प लेकर प्रारम्भ करने वाले वाजपेयी राष्ट्रीय जनतान्त्रिक गठबन्धन (राजग) सरकार के पहले प्रधानमन्त्री थे। जिन्होंने गैर कांग्रेसी प्रधानमन्त्री पद के 5 वर्ष बिना किसी समस्या के पूरे किए। आजीवन अविवाहित रहने का संकल्प लेने के कारण इन्हें भीष्म पितामह भी कहा जाता है। उन्होंने 24 दलों के गठबन्धन से सरकार बनाई थी जिसमें 81 मन्त्री थे।

प्रधानमंत्री :

अटल बिहारी वाजपेयी भारत के तीन बार के प्रधानमन्त्री थे। वह पहले 16 मई से 1 जून 1996 तक, फिर सन् 1998 में और फिर 19 मार्च, 1999 से 22 मई, 2004 तक भारत के प्रधानमन्त्री रहे। वह हिन्दी कवि, पत्रकार व एक प्रखर वक्ता थे। वह भारतीय जनसंघ के संस्थापकों में एक थे और सन् 1968 से 1973 तक उसके अध्यक्ष भी रहे। उन्होंने लम्बे समय तक

राष्ट्रधर्म, पाञ्चजन्य और वीर अर्जुन आदि राष्ट्रीय भावना से ओत-प्रोत अनेक पत्र-पत्रिकाओं का सम्पादन भी किया।

शिक्षा :

कानपुर के डी.ए.वी. कॉलेज से राजनीति शास्त्र में एम.ए. की परीक्षा प्रथम श्रेणी में उत्तीर्ण की। उसके बाद उन्होंने अपने पिताजी के साथ-साथ कानपुर में ही एल.एल.बी. की पढ़ाई भी प्रारम्भ की लेकिन उसे बीच में ही विराम देकर पूरी निष्ठा से संघ के कार्य में जुट गये। डॉ श्यामा प्रसाद मुखर्जी और पण्डित दीनदयाल उपाध्याय के निर्देशन में राजनीति का पाठ पढ़ा।

जनसंघ के संस्थापक :

वह भारतीय जनसंघ की स्थापना करने वालों में से एक थे और सन् 1968 से 1973 तक वह उसके राष्ट्रीय अध्यक्ष भी रह चुके थे। सन् 1952 में उन्होंने पहली बार लोकसभा चुनाव लड़ा, परन्तु सफलता नहीं मिली। उन्होंने हिम्मत नहीं हारी और सन् 1957 में उत्तर प्रदेश के जिला गोण्डा की

बलरामपुर लोकसभा क्षेत्र से जनसंघ के प्रत्याशी के रूप में विजयी हुए। सन् 1957 से 1977 तक भारतीय जनता पार्टी की स्थापना तक बीस वर्ष वह लगातार जनसंघ के संसदीय दल के नेता रहे। मोरारजी देसाई की सरकार में सन् 1977 से 1979 तक विदेश मन्त्री रहे।

सन् 1980 में उन्होंने जनता पार्टी छोड़ दी और भारतीय जनता पार्टी की स्थापना की। 6 अप्रैल, 1980 में बनी भारतीय जनता पार्टी के अध्यक्ष पद का दायित्व अटल बिहारी वाजपेयी को सौंपा गया। वह दो बार राज्यसभा के लिए निर्वाचित हुए। अटल बिहारी वाजपेयी ने सन् 1996 में प्रधानमन्त्री के रूप में देश की बागडोर सम्भाली। 19 अप्रैल, 1998 को पुनः प्रधानमन्त्री पद की शपथ ली और उनके नेतृत्व में 13 दलों की गठबन्धन सरकार ने पाँच वर्ष तक सत्ता संभाली।

सन् 2004 में कार्यकाल पूरा पर लोकसभा चुनावों में भाजपा के राष्ट्रीय जनतान्त्रिक गठबन्धन (एनडीए) ने वाजपेयी के नेतृत्व में चुनाव लड़ा और भारत उदय का नारा दिया। इस चुनाव में किसी भी पार्टी को बहुमत नहीं मिला। ऐसी स्थिति में वामपन्थी दलों के समर्थन से कांग्रेस ने भारत की केन्द्रीय सरकार पर कायम होने में सफलता प्राप्त की और भाजपा विपक्ष में बैठने को मजबूर हुई।

प्रधानमन्त्री कार्यकाल :

अटल बिहारी वाजपेयी अटल विचारों के विश्व प्रसिद्ध राजनेता रहे। केवल भारत की राजनीति में ही नहीं सारी दुनिया की राजनीति में आपकी एक अलग पहचान थी।

भारत को परमाणु शक्ति सम्पन्न राष्ट्र बनाना :

अटल सरकार ने 11 और 13 मई, 1998 को पोखरण में पाँच भूमिगत परमाणु परीक्षण विस्फोट करके भारत को परमाणु शक्ति सम्पन्न देश घोषित कर दिया। इस कदम से उन्होंने भारत को निर्विवाद रूप से विश्व मानचित्र पर एक सुदृढ़ वैश्विक शक्ति के रूप में स्थापित कर दिया।

पाकिस्तान से सम्बन्धों में सुधार की पहल :

19 फरवरी, 1999 को सदा-ए-सरहद नाम से दिल्ली से लाहौर तक बस सेवा शुरू की गई। इस सेवा का उद्घाटन करते हुए प्रथम यात्री के रूप में वाजपेयी जी ने पाकिस्तान की यात्रा करके नवाज शरीफ से मुलाकात की और आपसी सम्बन्धों में एक नयी शुरुआत की।

कारगिल युद्ध :

कुछ ही समय पश्चात पाकिस्तान के तत्कालीन सेना प्रमुख परवेज मुशर्रफ की शह पर पाकिस्तानी सेना व उग्रवादियों ने कारगिल क्षेत्र में घुसपैठ करके कई पहाड़ी चोटियों पर कब्जा कर लिया। अटल सरकार ने पाकिस्तान की सीमा का उल्लंघन न करने की अंतर्राष्ट्रीय सलाह का सम्मान करते हुए धैर्यपूर्वक किन्तु ठोस कार्यवाही करके भारतीय क्षेत्र को मुक्त कराया।

स्वर्णिम चतुर्भुज परियोजना :

भारत के चारों कोनों को सड़क मार्ग से जोड़ने के लिए स्वर्णिम चतुर्भुज परियोजना की शुरुआत की गई। इसके अन्तर्गत दिल्ली, कलकत्ता, चेन्नई व मुंबई को राजमार्गों से जोड़ा गया।

कावेरी जल विवाद :

एक सौ वर्ष से भी ज्यादा पुराने कावेरी जल विवाद को सुलझाने में आपकी अहम् भूमिका थी।

अन्य महत्वपूर्ण कार्य :

संरचनात्मक ढाँचे के लिये कार्यदल, सॉफ्टवेयर विकास के लिये सूचना एवं प्रौद्योगिकी कार्यदल, विद्युतीकरण में गति लाने के लिये केंद्रीय विद्युत नियामक आयोग आदि का गठन किया।

राष्ट्रीय राजमार्गों एवं हवाई अड्डों का विकास, नई टेलीकॉम नीति तथा कोकण रेलवे की शुरुआत करके बुनियादी संरचनात्मक ढाँचे को मजबूत करने वाले कदम उठाये।

व्यक्तिगत जीवन :

अटल बिहारी वाजपेयी ताउम्र अविवाहित रहे। उन्होंने दोस्त राजकुमारी कौल और बी.एन. कौल की बेटी नमिता भट्टाचार्य को दत्तक पुत्री के रूप में स्वीकार किया। अटल जी के साथ नमिता और उनके पति रंजन भट्टाचार्य रहते थे।

लेखन :

वह हिन्दी में लिखते हुए एक प्रसिद्ध कवि थे। वाजपेयी जी को काव्य रचनाशीलता एवं रसास्वाद के गुण विरासत में मिले हैं। उनके पिता कृष्ण बिहारी वाजपेयी ग्वालियर रियासत में अपने समय के जाने-माने कवि थे। वह ब्रजभाषा और खड़ी बोली में काव्य रचना करते थे।

अटल बिहारी वाजपेयी की प्रकाशित कार्यों में कैदी कविराई कुण्डलियां शामिल हैं। जो सन् 1975-77 आपातकाल के दौरान कैद किए गए कविताओं का संग्रह था- अमर आग है। अपनी कविता के सम्बन्ध में उन्होंने लिखा, "मेरी कविता युद्ध की घोषणा है, हारने के लिए एक निर्वासन नहीं है। यह हारने वाले सैनिक की निराशा की ड्रमबीट नहीं है, लेकिन युद्ध योद्धा की जीत होगी। यह निराशा की इच्छा नहीं है लेकिन जीत का हलचल चिल्लाओ।" मेरी इक्यावन कविताएँ अटल जी का प्रसिद्ध काव्यसंग्रह है।

पारिवारिक वातावरण साहित्यिक एवं काव्यमय होने के कारण उनकी रगों में काव्य रक्त-रस अनवरत घूमता रहा है। उनकी सर्व प्रथम कविता ताजमहल थी।

अटल बिहारी वाजपेयी पत्रकार के रूप में भी पहचाने जाते हैं। दुनिया में शायद ऐसे विरले राजनेता होंगे जिन्हें कलम का सिपाही कहा जा सके। उनकी कुछ प्रमुख प्रकाशित रचनाएं हैं - **1.** राष्ट्रीय एकीकरण,

2. भारत की विदेश नीति,

3. Dynamics of an Open Society,

4. असम समस्या: दमन समाधान नहीं,

5. Atal Bihari Vaj Mem Tina Dasaka,

6. Kucha Lekha, Kucha Bhashana,

7. प्रधानमंत्री अटल बिहारी वाजपेयी के चुने हुए भाषण,

8. मेरी इक्यावन कविताएँ,

9. क्या खोया क्या पाया: अटल बिहारी वाजपेयी, व्यक्तित्व और कविताएं,

10. रग-रग हिंदू मेरा परिचय,

11. मृत्यु या हत्या,

12. अमर बलिदान (लोक सभा में अटल जी के वक्तव्यों का संग्रह),

13. कैदी कविराय की कुण्डलियां,

14. संसद में तीन दशक,

15. अमर आग है, और

16. कुछ लेख: कुछ भाषण, आदि

अटल बिहारी वाजपेयी
संसद में तीन दशक

अटल जी पर पुस्तकें :

1. किंगशुक नाग द्वारा अटल बिहारी वाजपेयी, ए मैन फॉर ऑल सीजन्स
2. ए एस दुलत द्वारा कश्मीर द वाजपेई इयर्स,
3. किंगशुक नाग द्वारा भगवा ज्वार
4. विजय त्रिवेदी द्वारा हार नहीं मानूंगा,
5. एन.पी. द्वारा द अनटोल्ड वाजपेयी

पुरस्कार

1992 : पद्म विभूषण

1993 : डी. लिट (कानपुर विश्वविद्यालय)

1994 : लोकमान्य तिलक पुरस्कार

1994 : श्रेष्ठ सासंद पुरस्कार

1994 : भारत रत्न पण्डित गोविन्द वल्लभ पन्त पुरस्कार

2015 : डी लिट (मध्य प्रदेश भोज मुक्त विश्वविद्यालय) जिया लाल बैरवा (देवली)

2015 : 'फ्रेंड्स ऑफ बांग्लादेश लिबरेशन वार अवॉर्ड', (बांग्लादेश सरकार द्वारा प्रदत्त)

2015 : भारतरत्न से सम्मानित।

सर्वतोमुखी विकास के लिये किये गये योगदान तथा असाधारण कार्यों के लिये सन् 2015 में उन्हें भारत रत्न से सम्मानित किया गया।

जीवन के प्रमुख तथ्य :

एक बार उनसे पूछा गया कि आपने शादी क्यों नहीं की तो तपाक से उत्तर दिया– "मैं इतना व्यस्त रहता हूं कि भूल गया।" एक अन्य पत्रकार के इसी सवाल का जवाब उन्होंने कुछ ऐसे दिया– "घटनाचक्र ऐसा ऐसा चलता गया कि मैं उसमें उलझता गया और विवाह का मुहूर्त नहीं निकल पाया।" अफेयर भी कभी नहीं हुआ जिंदगी में? इस प्रश्न का उत्तर देते हुए अटल जी ने मुस्कान के साथ जवाब दिया– "अफेयर की चर्चा सार्वजनिक रूप से नहीं की जाती है।" उन्होंने कुबूल किया कि वह अकेला महसूस करते हैं।

वाजपेयी की अधूरी प्रेम कहानी :

जब अटल ग्वालियर के एक कॉलेज में पढ़ रहे थे। तब उनकी और राजकुमारी कौल एक खूबसूरत प्रेम कहानी थी। दोनों ने अपने रिश्ते को कभी कोई नाम नहीं दिया। अटल बिहारी वाजपेयी और राजकुमारी कौल के बीच चले इस रिश्ते की राजनीतिक हलकों में भी खूब चर्चा हुई थी। अटलजी पर लिखी गई किताब "अटल बिहारी वाजपेयी : ए मैन ऑफ आल सीजंस" के लेखक और पत्रकार किंगशुक नाग ने वाजपेयी की अधूरी प्रेम कथा को लेकर लिखा कि वह ऐसे दिन थे जब लड़के और लड़कियों की दोस्ती को अच्छी निगाह से नहीं देखा जाता था इसलिए आमतौर पर प्यार होने पर भी लोग भावनाओं का इजहार नहीं कर पाते थे।

इसके बाद भी युवा अटल ने लाइब्रेरी में एक किताब के अंदर राजकुमारी के लिए एक पत्र रखा लेकिन उन्हें उस पत्र का कोई जवाब नहीं मिला। किताब में राजकुमारी कौल के एक परिवारिक करीबी के हवाले से कहा गया कि वास्तव में वह अटल से शादी करना चाहती थीं लेकिन घर में इसका जबरदस्त विरोध हुआ। अटल ब्राह्मण थे लेकिन कौल अपने को कहीं बेहतर कुल का मानते थे। इसके बाद अटल देश सेवा में इतना व्यस्त हो गए कि उन्होंने कभी शादी करने का सोचा ही नही।

हिंदी में भाषण :

अटल बिहारी वाजपेयी पहले भारतीय नेता रहे जिन्होंने संयुक्त राष्ट्र संघ में हिंदी में भाषण देकर देश का मान बढ़ाया।

संन्यास :

सन् 2005 में आपने राजनीति से संन्यास ले लिया और नई दिल्ली में 6-ए कृष्णामेनन मार्ग स्थित सरकारी आवास में रहने लगे थे।

निधन :

16 अगस्त, 2018 को लम्बी बीमारी के बाद अखिल भारतीय आयुर्विज्ञान संस्थान, दिल्ली में अटल बिहारी वाजपेयी का निधन हो गया। वह जीवन भर भारतीय राजनीति में सक्रिय रहे। 17 अगस्त, 2018 को हिन्दू संस्कृति पद्धति के अनुसार अन्तिम संस्कार किया गया। उनकी दत्तक पुत्री नमिता कौल भट्टाचार्या ने उन्हें मुखाग्नि दी। उनका समाधि स्थल राजघाट के पास शान्ति वन में बने स्मृति स्थल में बनाया गया है।

❐

अनमोल वचन

अनमोल वचन

भारतीय राजनीति के भीष्म पितामह, अजातशत्रु, विश्व प्रसिद्ध नेता के साथ-साथ आपकी छवि एक ओजस्वी वक्ता, लेखक, कवि और पत्रकार के रूप में भी है। अविवाहित अटल बिहारी वाजपेयी ने भारतीय राजनीति में लगभग सैंतालीस सावन देखे। अटल बिहारी वाजपेयी ने विदेशी मंत्री की हैसियत से लोकसभा में अपने एक वक्तव्य में स्पष्ट शब्दों में कहा था- "जब मैंने विदेश मंत्रालय का भार सम्भाला और इस सदन में विदेश मंत्री के नाते पहला भाषण दिया तो मैंने पंडित जवाहर लाल नेहरू से लेकर श्री यशवन्तराव चव्हाण तक को बधाई दी थी, उनके प्रति साधुवाद अर्पित किया था। तीस साल की हमारी परम्परा का यह अंग है, यह हमारे इतिहास का हिस्सा है। पंडित नेहरू से मेरे भी मतभेद थे और मैंने मतभेदों को कभी छिपाया नहीं, लेकिन जब कभी प्रशंसा का वक्त आया, तो मैंने उसमें कृपणता से काम नहीं लिया।" ऐसे थे उनके सुविचार।

सावन की फुहार से शब्द रूपी जल की बूंदें अमृत बन आज भी संसार के मानव समाज के मस्तक पटल पर अंकित हैं। हिंदी वर्णाक्रम में यहां उनके अनमोल वचन संग्रह को प्रस्तुत किया गया है।

अहिंसा

✍ हम अहिंसा में विश्वास रखे हैं। और यह चाहते हैं कि विश्व के संघर्षों का समाधान शांति और समझौते के मार्ग से हो।

✍ उस व्यक्ति में अहिंसा की भावना है जिसकी अंतरात्मा सत्य में विराजमान होती है, जो सभी को एक दृष्टि से देखती है।

✍ अहिंसा का भाव उसी में है, जिसके ह्रदय में सत्य बैठा है, जो सबको समान दृष्टि से देखता है।

✍ जब हम अहिंसा और शांति की बातें करते हैं तो दुनिया इस बात को देखती है और चाहती है कि उसका व्यवहार देश के भीतर भी होना चाहिए। उसका अबलम्बन किया जाना चाहिए।

अहसास

✍ मैं अपनी सीमाओं से परिचित हूं। मुझे अपनी कमियों का अहसास भी है।

अकाल

✍ हमने भूख को समाप्त कर दिया, लेकिन अब हमें अकाल को समाप्त करना होगा।

अनुशासन

✍ हम अगर देश में राजनीतिक और सामाजिक अनुशासन पैदा करना चाहते हैं तो उसके लिए भ्रष्टाचार का निराकरण आवश्यक है।

अब

✍ अब न चलेगा राष्ट्र प्रेम का गर्हित सौदा।

अस्पृश्यता

✍ अस्पृश्यता न केवल कानून के खिलाफ है, बल्कि यह ईश्वर और मानवता के खिलाफ भी एक गंभीर अपराध है।

अमेरिका

✍ अमेरिका के साथ हमारे सम्बन्धों में सुधार हो यह आवश्यक है लेकिन सुधार तभी हो सकता है जब इस भूखण्ड के बारे में अमेरिका के दृष्टिकोण में परिवर्तन हो।

अंतर्राष्ट्रीय

✍ इस बात से इनकार नहीं किया जा सकता कि पिछले दस वर्षों में हमने जिस विदेश-नीति का अवलम्बन किया है, उसके कारण संसार में भारत की प्रतिष्ठा बढ़ी है।

(2 सितंबर, 1957 को लोकसभा में विदेश नीति पर पहले भाषण के अंश)

✍ हमारे प्रधानमंत्री जहां कहीं जाते हैं, करोड़ों व्यक्ति उनका सम्मान करते हैं। उन्हें शान्ति का देवदूत कहकर पुकारा जाता है। जब उनका सम्मान होता है तो यह प्रत्येक भारतीय को, वह किसी भी पार्टी का हो, आनन्द देता है।

(2 सितंबर, 1957 को लोकसभा में विदेश नीति पर पहले भाषण के अंश)

✍ मुझे खेद है कि जिस अनुपात में हमारी अंतर्राष्ट्रीय प्रतिष्ठा बढ़ी है, शायद उसी अनुपात में हमारी अंतर्राष्ट्रीय कठिनाइयां भी बढ़ गई हैं। यदि हम अपने देश की समस्याओं पर विचार करें तो हम देखते हैं कि हमारी समस्यायें अधिकाधिक उलझती जा रही हैं।

(2 सितंबर,1957 को लोकसभा में विदेश नीति पर पहले भाषण के अंश)

✍ अंतर्राष्ट्रीय राजनीति नैतिकता के आधार पर नहीं चलती।

✍ अंतर्राष्ट्रीय जगत में एक हाथ से ताली नहीं बजा करती।

✍ अंतर्राष्ट्रीय क्षेत्र में न कोई स्थाई मित्र होता है और न कोई स्थाई शत्रु।

✍ आज जब कि दुनिया यह स्वीकारती है कि शांति तथा परस्परावलंबिता के लिए अंतर्राष्ट्रीय सहयोग जरूरी है, भारत अपने हितों के संरक्षण तथा अंतर्राष्ट्रीय क्षेत्र में सामाजिक न्याय की स्थापना के उदात्त लक्ष्य को एक साथ साधने वाली नीति का भली-भांति अवलंबन कर सकता है।

✍ हम न केवल पुरानी नीतियों की विश्वसनीयता पाने में सफल हुए हैं बल्कि हमने यह भी पाया है कि सर्वत्र भारत के साथ अधिक गहरी मित्रता बढ़ाने की इच्छा विद्यमान है। विश्व का भारत पर भरोसा है और जागरूक राष्ट्रों ने सर्वत्र हमें इसी सद्‌भावना का आश्वासन दिया है। यह सद्‌भावना अपने में महत्वपूर्ण है क्योंकि प्रधानमंत्री तथा अन्य मंत्रियों के रूप में नये नाविकों ने राष्ट्र की पतवार सम्भाली है।

(29 जून, 1977, विदेश मंत्री के रूप में पहला भाषण, लोकसभा में)

✍ एक राष्ट्र के नाते हममें इतना आत्मविश्वास है कि हम मित्रता के हाथ को थाम सकते हैं और ऐसे सहयोग का स्वागत कर सकते हैं जो आत्मगौरव के अनुकूल और राष्ट्रीय तथा पारस्परिक लाभ की कसौटी पर खरा है। आज हम उन देशों के साथ सहयोग की इच्छा को ठोस रूप देने की बेहतर स्थिति में हैं जहां लाभदायक पूरकता है और जो अंतर्राष्ट्रीय स्थायित्व में समान रूप से रुचि रखते हैं।

(29 जून, 1977, विदेश मंत्री के रूप में पहला भाषण, लोकसभा में)

✍ पारस्परिक हितसाधन की इसी विशुद्ध भावना से हम अन्य राष्ट्रों के साथ द्विपक्षीय सम्बन्ध कायम करेंगे। फिर उनकी विचारधारा, उनकी राज-व्यवस्था तथा उन के विकास की स्थिति कितनी ही भिन्न क्यों न हो, हमारी दूसरी बड़ी पूंजी यह है कि भारत कभी घृणा पर जीवित नहीं रहा। भारत ने कभी पराई भूमि को ललचाई नजरों से नहीं देखा। शरीरों पर राज

करने के बजाय हमने हृदयों को जीतने का प्रत्यत्न किया है। हमारी संस्कृति हमें न तो हीनता का भाव देती है और न परमुखापेक्षी बनाती है।

(29 जून, 1977, विदेश मंत्री के रूप में पहला भाषण, लोकसभा में)

आत्म गौरव

✍ निराशा की अमावस के अंधकार में हम अपना मस्तक आत्म-गौरव के साथ तनिक ऊँचा उठाकर देखें।

✍ आत्मगौरव को बनाए रखेंगे है। यह प्राचीन राष्ट्र अपनी महान सभ्यता, सहिष्णुता की पुरानी परम्परा, प्राकृतिक साधनों की विपुलता तथा विशाल जनबल के आधार पर जिसमें विज्ञान पर विजय प्राप्त करने की मानसिक क्षमता तथा कड़ी मेहनत और आत्मसंयम से काम लेने की भारी शक्ति है।

आदमी

✍ पहचान आदमी न ऊंचा होता है, न नीचा होता है, न बड़ा होता है, न छोटा होता है।

✍ आदमी सिर्फ आदमी होता है।

आजादी

✍ खुली हवा में जरा साँस तो ले लें, कब तक रहेगी आजादी कौन जाने।

(7 फरवरी, 1977, रामलीला मैदान, दिल्ली)

आरक्षण

✍ आरक्षण का मामला इतना नाजुक है कि उसे बहुत सम्भाल कर हाथ लगाने की जरूरत है। रोजगार के घटते हुए अवसरों और नौजवानों की बढ़ती हुई अपेक्षाओं में संतुलन कायम रखना ऊंचे दर्जे की नीतिमत्ता की माँग करता है।

इंसान

✍ इंसान बनो, केवल नाम से नहीं, रूप से नहीं, शक्ल से नहीं बल्कि हृदय से, बुद्धि से, ज्ञान से बनो।

✍ पेड़ के ऊपर चढ़ा इंसान बड़ा दिखाई देता है, जड़ में खड़ा इंसान छोटा दिखाई देता है। न इंसान बड़ा होता है, न छोटा होता है, न ऊंचा होता है, न नीचा होता है। इंसान सिर्फ इंसान होता है।

इतिहास

✍ इतिहास में हुई गलती के लिए आज किसी से भी प्रतिशोध लेने का समय नहीं है, लेकिन उस गलती को ठीक करने का सवाल है।

इरादे

✍ मैं यहां वादे लेकर नहीं, इरादे लेकर आया हूं।

✍ जूझने का मेरा इरादा न था, मोड़ पर मिलेंगे इसका वादा न था।

इंदिरा गांधी

✍ इंदिरा गांधी का बैंक राष्ट्रीयकरण का फैसला कतई आर्थिक न होकर पूरी तरह से राजनीतिक था।

✍ मैं खुश हूँ कि इंदिरा गांधी याह्या खाँ को सबक सिखा रही हैं। हमारे पास एक ऐतिहासिक मौका है कि हम एक धर्मशासित देश को समाप्त कर दें या उसके जितना संभव हो उतने छोटे टुकड़े कर दें।

(सन् 1971 में भारत पाकिस्तान युद्ध के समय)

✍ उन्होंने (इंदिरा गांधी) दो सप्ताह की लड़ाई में ठंडे दिमाग से काम लिया और देश को आत्मविश्वास से भरा नेतृत्व प्रदान किया।

(सन् 1971 में भारत पाकिस्तान युद्ध की समाप्ति के समय)

ईश्वर

✍ भुखमरी ईश्वर का कोई विधान नहीं है बल्कि यह तो मानवीय व्यवस्थाओं की विफलता का परिणाम है।

ईमानदारी

✍ अगर किसी देश में हलचल नजर आए तो समझिए कि वहां का राजा ईमानदार है।

उम्मीद

✍ सेवा कार्यों की उम्मीद सरकार से नहीं की जा सकती। उसके लिए समाज सेवी संस्थाओं को ही आगे बढ़ना पड़ेगा।

✍ सेवा-कार्यों की उम्मीद सरकार से नहीं की जा सकती। उसके लिए समाज-सेवी संस्थाओं को ही आगे उगना पड़ेगा।

उज्ज्वलता

✍ अमावस के अभेद्य अंधकार का अंत:करण पूर्णिमा की उज्ज्वलता का स्मरण कर थर्रा उठता है।

उर्दू

✍ उर्दू भारत में पैदा हुई है, उर्दू भारत की भाषा है, उर्दू फले-फूले यह हम चाहते हैं लेकिन उर्दू राजभाषा बने या न बने यह प्रश्न अलग है जिसकी मैं इस समय चर्चा नहीं करूंगा।

एहसास

✍ मैं अपनी सीमाओं से परिचित हूं। मुझे अपनी कमियों का एहसास है। समरसता की कोई कमी नहीं है। यह देश बहुत अद्‌भुत है, बड़ा अनोखा है। किसी भी पत्थर को सिंदूर लगाकर अभिवादन किया जा सकता है।

एटम बम

✍ एटम बम का जवाब क्या है? एटम बम का जवाब एटम बम है और कोई जवाब नहीं।

ऐटामिक शक्ति

✍ जब तक हम ऐटामिक शक्ति नहीं बनेंगे, जब तक हमारा चीन की शक्ति से सन्तुलन नहीं होगा, जब तक दोनों देशों को यह पता न होगा कि युद्ध का अर्थ विजय नहीं विनाश है, तब तक शन्ति नहीं होगी।

औद्योगिक विकास

✍ अन्न उत्पादन के द्वारा आत्मनिर्भरता के बिना हम न तो औद्योगिक विकास का सुदृढ़ ढांचा ही तैयार कर सकते है और न विदेशों पर अपनी खतरनाक निर्भरता ही समाप्त कर सकते हैं।

कदम

✍ हमें जलना होगा, गलना होगा। कदम मिलकर चलना होगा।

कांग्रेस

✍ ऐतिहासिक कारणों से कांग्रेस का स्वरूप एक राजनीतिक मंच का

अधिक और एक राजनीतिक दल का कम रहा है।

कल्याण

✍ हम एक विश्व के आदर्शों की प्राप्ति और मानव कल्याण तथा उसकी कीर्ति के लिए त्याग और बलिदान की बेला में कभी भी कदम पीछे नहीं हटाएंगे।

कोशिश

✍ बिना हमको सफाई का मौका दिए फांसी पर चढ़ाने की कोशिश मत करिए। क्योंकि हम मरते-मरते भी लड़ेंगे और लड़ते-लड़ते भी मरने को तैयार है।

काजल

✍ राजनीति काजल की कोठरी है, जो इसमें जाता है, काला होकर ही निकलता है। ऐसी राजनीतिक व्यवस्था में ईमानदार होकर भी सक्रिय रहना, बेदाग छवि बनाए रखना, क्या कठिन नहीं हो गया है ?

कविता

✍ मेरी कविता जंग का ऐलान है, पराजय की प्रस्तावना नहीं। मेरी कविता हारे हुए सिपाही का नैराश्य-निनाद नहीं, जूझते योद्धा का जय-संकल्प है। वह निराशा का स्वर नहीं, आत्मविश्वास का जयघोष है।

कवि

✍ मेरा कवि हृदय मुझे राजनीतिक समस्याएं झेलने की शक्ति देता है।

क्रांतिकारी

✍ क्रान्तिकारियों के साथ हमने न्याय नहीं किया, देशवासी महान क्रान्तिकारियों को भूल रहे हैं, आजादी के बाद अहिंसा के अतिरेक के कारण यह सब हुआ।

कपड़े

✍ कपड़ों की दुधिया सफेदी, मन की मलिनता को नहीं छिपा सकती।

कल

✍ कल-कल करते आज हाथ से निकले सारे, भूत भविष्य की चिंता में वर्तमान की बाजी हारे।

कुर्सी

✍ मुझे कुर्सी की कोई लालसा नहीं है। मुझे उन लोगों पर तरस आता है जो विपक्षी दल में बैठने की इज्जत छोड़ देते हैं और कुर्सी के लिए लालायित होकर सरकार दल के पंख पकड़ने को आतुर रहते हैं।

कृषि

✍ हमारा कृषि विकास संतुलित नहीं है और न ही इसे स्थायी माना जा सकता है।

कुंवारा

✍ मैं अविवाहित...लेकिन कुंवारा नहीं।

खेल

✍ खेल ही नहीं, दिल भी जीतिए।

(भारतीय क्रिकेट टीम को सन् 2004 में पाकिस्तान दौरे पर जाते समय)

गरीबी

✍ गरीबी बहुआयामी है। यह हमारी कमाई के अलावा स्वास्थ्य, राजनीतिक भागीदारी, हमारी संस्कृति और सामाजिक संगठन की उन्नति पर भी असर डालती है।

गति

✍ जब तक ध्येय न पूरा होगा, तब तक पग की गति न रुकेगी।

गुटनिरपेक्ष

✍ मेरा निवेदन है कि भारत को न केवल गुट-निरपेक्ष रहना है बल्कि निरपेक्ष दिखाई भी देना है। यदि हमारी किसी कथनी या करनी से यह भ्रम पैदा होता है कि हम किसी एक विशेष गुट की ओर झुक गए हैं और हमने

गुण–दोष के आधार पर स्वतन्त्र निर्णय करने के सर्वप्रमुख सम्पन्न अधिकार का परित्याग कर दिया है तो यह गुट–निरपेक्षता की सीधी किन्तु कठिन राह से भटकना भी होगा। जनता सरकार ऐसी भूल नहीं करेगी।

✍ गुटनिरपेक्षता की नीति किसी एक व्यक्ति या एक दल की नीति नहीं है। यह राष्ट्रीय सहमति पर आधारित है। साम्राज्यवाद के चंगुल से मुक्त होने के बाद भारत जैसा विशाल देश किसी शक्ति का पिछलग्गू नहीं हो सकता। ऐसा करना हमारे स्वतन्त्रता संग्राम के आदर्शों के प्रति अन्याय करना होता। ऐसा करना हमारे राष्ट्रीय स्वाभिमान के प्रतिकूल होता।

✍ गुटनिरपेक्षता की नीति राष्ट्रीय स्वतन्त्रता का अंतर्राष्ट्रीय क्षेत्र में स्वाभाविक तथा आवश्यक विस्तार है। गत तीन दशकों में जो कुछ घटा है। उससे गुट निरपेक्षता की नीति की सार्थकता ही सिद्ध हुई है।

✍ गुटनिरपेक्षता अब शस्त्रों से सज कर विरोधी शिविरों की विश्व समर भूमि में, जो अपनी–अपनी विचारधारा की विजय–पताका लेकर एक–दूसरे पर हावी होने या एक–दूसरे को सीमित करने पर तुले हुए थे, कोई एकाकी स्वर नहीं।

✍ अब गुटनिरपेक्षता की आवाज एक ऐसे जयघोष में बदल गई है जो मानव समाज के राष्ट्रों के कंठों से फूट कर समूचे संसार पर छा गई है। नई सरकार ने गुट निरपेक्ष राष्ट्रों के ब्यूरो के सम्मेलन को नई दिल्ली में करने के निर्णय को पुष्ट करने में एक क्षण की भी देर नहीं लगाई, यद्यपि वह सम्मेलन पखवाड़े के भीतर ही होना था।

✍ हमने विदेश नीति के आधारभूत तत्वों की पुष्टि की है क्योंकि गुट निरपेक्षता यह मानती है कि आणविक अस्त्रों के ढेर पर बैठे हुए वर्तमान विश्व में युद्ध या युद्ध की अनिवार्यता को रद्द कर दिया जाना चाहिए। हम अपनी राष्ट्रीय स्वतंत्रता को अनमोल समझते हैं। किन्तु राष्ट्रीय सुरक्षा को किसी प्रतिबद्ध या पूरक सैनिक या सैद्धांतिक गठजोड़ के सुपुर्द करने की आवश्यकता को अस्वीकार करते हैं। गुट निरपेक्षता किसी राष्ट्र को ऐसे सांचे उधार लेने या ऐसी विचारधारा अपनाने के दबाव से मुक्त रखती है , जो उस देश की सभ्यता या प्रतिभा के प्रतिकूल है।

✍ हमारा विश्वास है कि भारत आज बड़ी अच्छी स्थिति में है और विश्व का राजनीतिक आचरण गुटनिरपेक्षता के ढांचे के भीतर हमारी नीति के दो

बुनियादी उद्देश्यों को पूर्ण करने के लिए बड़ा शुभ है।

✍ कांग्रेस की जगह और कोई पार्टी शासन में आती और पंडित जी की जगह कोई और प्रधानमंत्री होता, तो भी गुट-निरपेक्षता की नीति पर चलने के अलावा हमारे सामने और कोई चारा नहीं था।

✍ गुटनिरपेक्षता हमारी राष्ट्रीय स्वतन्त्रता का अंतर्राष्ट्रीय क्षेत्र में विस्तार है।

✍ हमारे मित्र स्वामी जी चाहते हैं कि हम गुटनिरपेक्षता न कहें उसे आत्मनिर्भरता की नीति कहें। वह मुझे क्षमा करें। गुटनिरपेक्षता की नीति का आधार है आत्म निर्भरता। अगर हम किसी गुट में शामिल हो गये, किसी बड़ी ताकत पर निर्भर हो गये तो फिर आत्मनिर्भर कैसे हो सकते हैं? गुटनिरपेक्षता की नीति का यह भी निचोड़ है कि हम हर एक अंतर्राष्ट्रीय प्रश्न का निर्णय उसके गुण व दोष के आधार पर करेंगे, स्वतन्त्र बुद्धि से करेंगे, निर्भीकता से करेंगे और राष्ट्रीय हितों और अंतर्राष्ट्रीयता के व्यापक तकाजों का मेल बैठायेंगे।

✍ जब भारत ने गुटनिरपेक्ष होने का फैसला किया तब गुटनिरपेक्षता को अनैतिक माना जाता था। मेरे मित्र स्वामी को इस बात का ध्यान रखना चाहिए कि उस वक्त गुटनिरपेक्ष कहने के लिए साहस की जरूरत थी और स्वतन्त्रता संग्राम में जो सेनानी बलिदान और त्याग की अग्नि में कुन्दन बनकर चमके थे वही गुटनिरपेक्षता की बात कर सकते थे। हमने उन्हीं की गुटनिरपेक्षता की नीति को अपनाया है।...यह नीति किसी व्यक्ति की नीति नहीं है, किसी दल की नहीं है, सारे राष्ट्र की नीति है।

✍ जब दुनिया के नए-नए आजाद होने वाले देश गुटनिरपेक्ष आन्दोलन के सदस्य बनने के लिए आग्रह कर रहे हैं और गुटनिरपेक्ष देशों की संख्या लगभग नब्बे हो गई है, तब हमारे देश में अगर गुटनिरपेक्षता के खिलाफ कोई आवाज उठे तो समझना चाहिए कि हमारे लिए विदेश नीति के मामले पर थोड़ा और गहराई से विचार करना जरूरी है।

✍ गुटनिरपेक्षता की नीति कोई नकारात्मक नीति नहीं है, बल्कि भावात्मक, सकारात्मक और रचनात्मक नीति है और अंतर्राष्ट्रीय क्षेत्र में हमारी संप्रभुता का विस्तार है।

घोर

✍ घिरे घोर घन दासताँ के भयंकर, गवाँ बैठे सर्वस्व आपस में लडकर।

चाहत

✍ जब मैं बोलना चाहता हूं तो लोग सुनते नहीं, जब लोग चाहते हैं की मैं बोलूं, तो मेरे पास बोलने को कुछ नहीं होता।

चौराहा

✍ चौराहे पर लुटता चीर, प्यादे से पिट गया वजीर।

चमक

✍ चमकता रहा पूज्य भगवा हमारा।

चिमटा

✍ यदि जोड़-तोड़ से शक्ति हमें प्राप्त हो जाए तो हम उसे चिमटे से भी छूना पसन्द नहीं करेंगे।

चुनाव

✍ चुनाव धन-शक्ति और गुण्डा-शक्ति के बड़े पैमाने पर प्रयोग के कारण दूषित हो गये हैं। दलीय पद्धति दल-बदल की अनैतिक प्रवृत्ति के कारण क्षतिग्रस्त हो रही है।

✍ चुनाव आयोग आरोप-प्रत्यारोपों के घेरे में आ गया है।

छुआछूत

✍ छुआछूत कानून के विरुद्ध ही नहीं, यह परमात्मा तथा मानवता के विरुद्ध भी एक गंभीर अपराध है।

✍ परमात्मा भी आकर कहे कि छुआछूत मानो, तो मैं ऐसे परमात्मा को मनाने को तैयार नहीं लेकिन परमात्मा ऐसा कर नहीं सकता।

छुई-मुई

✍ छुईमुई के पेड़ नहीं जो छूते ही मुरझा जाएंगे।

छल

✍ क्या खोया, क्या पाया जग में, मिलते और बिछुड़ते मग में,
मुझे किसी से नहीं शिकायत, यद्यपि छला गया पग-पग में।

जीवन

✍ जीवनरूपी फूल को पूर्ण ताकत के साथ खिलाएं।

✍ अपना जीवन जीना एक कला है, एक विज्ञान है। इन दोनों में समन्वय आवश्यक है।

✍ जीवन को टुकड़ों में नहीं बांटा जा सकता, उसका 'पूर्णता' में ही विचार किया जाना चाहिए।

✍ जीवन को टुकड़ों में नहीं बांटा जा सकता, उसका पूर्णता में ही विचार करा जाना चाहिए।

✍ जीतना और हारना जीवन का एक मुख्य हिस्सा है, जिसे हमें समानता के साथ देखना चाहिए।

✍ हमें अपने जीवन की यात्रा को कंधे से कंधा मिलाकर, कदम-से-कदम मिलाकर ध्येय-सिद्धि के शिखर तक ले जाना है। भविष्य का भारत हमारे प्रयासों और कड़ी मेहनत पर निर्भर करता है। हमें अपने कर्तव्यों का पालन करना चाहिए, हमारी सफलता सुनिश्चित है।

✍ भारत के ऋषियों-मुनियों ने जो संयुक्त जीवन बुना था, आज उसे उपहास का विषय बनाया जा रहा है।

✍ 'जैसी बहे बयार, पीठ तब तैसी दीजै'- आराम से जिंदगी जीने का कारगर नुस्खा हो सकता है, किन्तु उससे नवस्वाधीन राष्ट्र को नवनिर्माण के लिए कठोर परिश्रम करने की ओर प्रेरित नहीं किया जा सकता। उसके लिए कुछ जीवन मूल्यों में गहरी प्रतिबद्धता आवश्यक है।

जैव विविधता

✍ जैव विविधता सम्मेलन से दुनिया के गरीबों के लिए कोई भी ठोस लाभ नहीं निकला है।

जहर

✍ जातिवाद का जहर समाज के हर वर्ग में पहुंच रहा है। यह स्थिति सबके लिए चिंताजनक है। हमें सामाजिक समता भी चाहिए और सामाजिक समरसता भी चाहिए।

जनभावना

✍ भारत में भारी जन भावना थी कि पाकिस्तान के साथ तब तक कोई

सार्थक बातचीत नहीं हो सकती जब तक कि वो आतंकवाद का प्रयोग अपनी विदेशी नीति के एक साधन के रूप में करना नहीं छोड़ देता।

जड़ता

✍ जड़ता का नाम जीवन नहीं है, पलायन पुरोगमन नहीं है।

जयप्रकाश

✍ जयप्रकाश जी! रखो भरोसा, टूटे सपनों को जोड़ेंगे।

जवान

✍ जवान मर्दों की लाशों के ढेर पर चढ़कर, जो सत्ता के सिंहासन तक पहुंचना चाहते हैं।

जातिवाद

✍ जाति-उपजाति, उपासना पद्धति, भाषा और रहन-सहन के आधार पर बटा हुआ समाज और भी बिखर रहा है।

✍ जातिवाद का जहर जन-जीवन को जीर्ण कर रहा है।

जम्मू-कश्मीर

✍ जम्मू कश्मीर हमारे लिए जमीन का एक टुकड़ा नहीं है। वह कुछ आदर्शों का, कुछ सिद्धांतों का प्रतीक है।

✍ जम्मू कश्मीर की जनता इस पर कायम है। उससे भी आगे, जब जम्मू कश्मीर भारत का अंग बन गया तो उस हिस्से की तकदीर का फैसला केवल जम्मू कश्मीर की जनता नहीं करेगी, शेष भारत की जनता भी करेगी।

✍ हम भारत को टुकड़े-टुकड़े बांटने की गलती नहीं कर सकते लेकिन अगर जम्मू कश्मीर के बारे में एक गलत कदम लिया गया, तो इसकी प्रतिक्रिया सारे देश में बुरी होगी, विघटनकारी शक्तियों को मौका मिलेगा, पृथकतावादी माँगें बल पकड़ेंगी और एक अखण्ड, अजेय और अभेद्य भारत का निर्माण करने का हमारा संकल्प मिट्टी में मिल जायेगा।

झिलमिल

✍ झिलमिल झिलमिल, ज्योतित माँ का पूज्य भाल है।

झेलम

✍ झेलम की लहरें पुकारती, यूनानी का रक्त दिखाकर, चन्द्रगुप्त को है गुहारती।

झुकना

✍ अमरीका क्या संसार भले ही हो विरुद्ध, काश्मीर पर भारत का सर नही झुकेगा।

टूट

✍ टूटे हुए सपनों की कौन सुने सिसकी, अन्तर की चीर व्यथा पलकों पर ठिठकी हार नहीं मानूंगा, रार नहीं ठानूंगा, काल के कलाल पर लिखता-मिटाता हूँ, गीत नया गाता हूँ।

तनिक

✍ इन्हें तनिक-सा प्यार चाहिए, नजरों में एतबार चाहिए,
गोदी में चढ़कर बैठेंगे, हंसकर पैरों में लोटेंगे।

तटस्थ

✍ हम तटस्थ रहना चाहते हैं। तटस्थ का मतलब है, तट पर स्थित, तटस्थ। जो किनारे पर खड़ा है वह तटस्थ है।

दृष्टिकोण

✍ मेरे पास भारत का एक दृष्टिकोण है- भारत भूख और भय से मुक्त बनाने का, भारत को निरक्षरता से मुक्त करने का और यही ये चाहता है।

दोस्त

✍ आप दोस्तों को बदल सकते हैं लेकिन पड़ोसी नहीं।

✍

✍ हम पाकिस्तान से दोस्ती की कीमत अपनी जमीन देकर नहीं चुकाएंगे।

दुनिया

✍ हमें आशा है कि दुनिया प्रबुद्ध आत्म-रुचि की भावना में कार्य करेगी।

✍ हम आशा करते हैं कि दुनिया प्रबुद्ध (परिष्कृत) स्वार्थ की भावना से काम करेगी।

✍ रोम कहाँ, यूनान कहाँ? घर-घर में शुभ अग्नि जलाता। वह उन्नत ईरान कहाँ है?

✍ आज जब कि दुनिया यह स्वीकारती है कि शांति तथा परस्परावलंबिता के लिए अंतर्राष्ट्रीय सहयोग जरूरी है। भारत अपने हितों के संरक्षण तथा अंतर्राष्ट्रीय क्षेत्र में सामाजिक न्याय की स्थापना के उदात्त लक्ष्य को एक साथ साधने वाली नीति का भली-भांति अवलंबन कर सकता है।

✍ आज भी दुनिया के फैसले शक्ति के आधार पर होते हैं। हम इस स्थिति को बदलना चाहते हैं। यह सच है लेकिन हमें वास्तविकता की ध रती पर पैर रख कर चलना पड़ेगा। कल्पना के लोक में विचरण करने से काम नहीं चलेगा।

दिया

✍ आने वाला कल न भुलाएँ, आओ फिर से दिया जलाएँ।

दहेज

✍ आवश्यकता इस बात की है कि देश की आर्थिक प्रगति की जाए, शिक्षा का प्रसार किया जाए, जात-पांत के बंधन तोड़े जायें और लड़के-लड़कियां उन्मुक्त भाव से विवाह करें, शादियां परमात्मा के यहां नहीं, आपस में तय हों, तभी दहेज खत्म हो सकता है।

दलदल

✍ जी नहीं मैं किसी दलदल में नहीं हूं। मैं तो औरों के दलदल में अपना कमल खिलाता हूं।

(रजत शर्मा के शो आपकी अदालत में)

दल

✍ दलीय पद्धति दल-बदल की अनैतिक प्रवृत्ति के कारण क्षतिग्रस्त हो रही है।

दल-बदल

✍ अगर किसी को दल बदलना है तो उसे जनता की नजर के सामने

दल बदलना चाहिए। उसमें जनता का सामना करने का साहस होना चाहिए। हमारे लोकतंत्र को तभी शक्ति मिलेगी जब हम दल बदलने वालों को जनता का सामना करने का साहस जुटाने की सलाह देंगे।

दिल्ली

✍ दिल्ली का इतिहास समर्पण का इतिहास है, दिल्ली का इतिहास आक्रमणकारी के स्वागत का इतिहास है।

देश

✍ इस बात से कोई इनकार नहीं कर सकता कि देश मूल्यों के संकट में फंसा है।

✍ देश की राजधानी में, संसद के सामने, धूल कब तक उड़ेगी ?

✍ देश एक मंदिर है, हम पुजारी हैं। हमें अपने आप को राष्ट्र देव की पूजा के लिए समर्पित करना चाहिए।

✍ सरकारें आएंगी, जाएंगी, पार्टियां बनेंगी, बिगड़ेंगी मगर ये देश रहना चाहिए।

✍ जो देश में अपने सम्मान, गौरव और गरिमा के साथ और राष्ट्रीय शक्ति, चारित्रिक बल और अनुशासन के साथ जनता के समर्थन से आगे बढ़ता है, वही देश तटस्थ रहता है।आज आवश्यकता इसी बात की है कि यदि हम तटस्थता की नीति अपनाना चाहते हैं और उस पर चलना चाहते हैं तो सच्चे अर्थों में हम उसको अपनायें।

✍ छोटा-मोटा देश और कमजोर आदमी किनारे पर खड़ा नहीं रह सकता। छोटा-मोटा पौधा एक ही लहर की लपेट में बहकर चला जायेगा। छोटा-मोटा पत्थर का टुकड़ा एक ही प्रवाह की आंधी में नदी की बीच धार में जाकर टूट जायेगा। किनारे पर खड़ा वही रहता है जिसकी जड़ें पाताल से जीवन रस प्राप्त करती हैं।

✍ देश की रक्षा होनी चाहिए। जिस हथियार से देश की रक्षा हो सकती है उस हथियार को देश को, सरकार को अपनाना होगा।

✍ देश एक रहेगा तो किसी एक पार्टी की वजह से एक नहीं रहेगा, किसी एक व्यक्ति की वजह से एक नहीं रहेगा, किसी एक परिवार की वजह से एक नहीं रहेगा। देश एक रहेगा तो देश की जनता की देशभक्ति की वजह से रहेगा।

धर्मनिरपेक्ष

✍ यदि भारत धर्मनिरपेक्ष नहीं है तो भारत बिल्कुल भारत नहीं है।

धरती

✍ धरती ही धारण करती है, कोई इस पर भार न बने, मिथ्या अभियान से न तने।

धुंआ

✍ धुएँ के घनो में कि बलि के क्षणों में, धधकता रहा पूज्य भगवा हमारा।

निरक्षरता

✍ निरक्षरता और निर्धनता में बहुत गहरा संबंध है।

न्यायपालिका

✍ न्यायपालिका की निष्पक्षता पर उँगलियाँ उठने लगी हैं।

निडर

✍ निडर है सभी हम अमर है सभी हम।

निर्दोष

✍ निर्दोष रक्त से सनी राजगद्दी, श्मशान की धूल से गिरी है, सत्ता की अनियंत्रित भूख।

नदी

✍ यमुना कहती कृष्ण कहाँ है, सरयू कहती राम कहाँ है।

नर

✍ नर को नारायण का रूप देने वाले भारत ने दरिद्र और लक्ष्मीवान, दोनों में एक ही परम तत्त्व का दर्शन किया है।

नो

✍ नो नार्मलाइजेशन विदाउट न्यूक्लोराइजेशन।

नारा

✍ भारतीयकरण एक नारा नहीं है। यह राष्ट्रीय पुनर्जागरण का मंत्र है। भारत में रहने वाले सभी व्यक्ति भारत के प्रति अनन्य, अविभाज्य, अव्यभिचारी निष्ठा रखें। भारत पहले आना चाहिए, बाकी सब कुछ बाद में।

पंडित जवाहरलाल नेहरू

✍ भारत की विदेश नीति की चर्चा हो और पंडित नेहरू का नाम न लिया जाए और वह भी प्रशंसा में न लिया जाए, ऐसा कभी हो नहीं सकता, होना ही नहीं चाहिए। मैं जानता हूं, मेरे मित्र स्वामी जी को इससे मतभेद है।

परमात्मा

✍ परमात्मा भी आकर कहे कि छुआछूत मानो, तो मैं ऐसे परमात्मा को भी मानने को तैयार नहीं लेकिन परमात्मा ऐसा कर ही नहीं सकता।

पुस्तक

✍ यदि आपको किसी विशेष पुस्तक में कुछ भी पसंद नहीं है, तो बैठकर चर्चा करें। एक पुस्तक पर प्रतिबंध लगाना इसका समाधान नहीं है। हमें वैचारिक रूप से इसे निपटाना होगा।

परिवार

✍ परिवार कल्याण की सफलता महिलाओं को अपने जीवन के साथ पूर्ण स्वतंत्रता देने पर निर्भर करती है।

✍ समय की आवश्यकता यह है कि लोगों को अपनी सुविधा के अनुसार अपने परिवारों के लिए योजना बनाये और जरुरी स्वास्थ्य सुविधाएं प्राप्त होनी चाहिए।

पाकिस्तान

✍ जो लोग हमसे पूछते हैं कि हम पाकिस्तान से बातचीत कब करेंगे, उन्हें शायद इस बात की जानकारी नहीं है कि पिछले सालों में हर बार भारत ने पाकिस्तान से बातचीत की पहल की है।

✍ मैं पाकिस्तान से दोस्ती करने के खिलाफ नहीं हूं। सारा देश पाकिस्तान से संबंधों को सुधारना चाहता है, लेकिन जब तक कश्मीर पर पाकिस्तान का दावा कायम है, तब तक शांति नहीं हो सकती।

पृथ्वी

✍ पृथिवी पर मनुष्य ही ऐसा एक प्राणी है, जो भीड़ में अकेला।

✍ पृथ्वी की संतान भिक्षु बन परदेसी का दान न लेगी, गोरों की संतति से पूछो क्या हमको पहचान न लेगी?

✍ पृथ्वी लाखों वर्ष पुरानी, जीवन एक अनन्त कहानी।

पुण्य

✍ मनुष्य जीवन अनमोल निधि है, पुण्य का प्रसाद है। इसे केवल अपने लिए ही न जीए, दूसरों के लिए भी जिए।

प्रबल

✍ प्रबल विरोधों के सागर में हम सुदृढ़ चट्टान बनेंगे।

प्यार

✍ प्यार इतना परायों से मुझको मिला, न अपनों से बाकी हैं कोई गिला।

पद

✍ जब तक पद नहीं मिलता, यात्रा चलती रहेगी।

(पदयात्रा पर मित्र अप्पा घटाटे के सवाल पर हाजिरजवाबी)

पार्टी

✍ सरदार खुशवंत सिंह जी की मैं बड़ी इज्जत करता हूं। उनका लिखा पढ़ने में बड़ा आनंद आता है। उन्होंने जो मेरी तारीफ की है, उसके लिए मैं उन्हें शुक्रिया अदा करता हूं। लेकिन उनकी इस बात से मैं सहमत नहीं हूं कि मैं आदमी तो अच्छा हूं लेकिन गलत पार्टी में हूं। अगर मैं सचमुच में अच्छा आदमी हूं तो गलत पार्टी में कैसे हो सकता हूं। और अगर गलत पार्टी में हूं तो अच्छा आदमी कैसे हो सकता हूं। अगर फल अच्छा है तो पेड़ खराब नहीं हो सकता।

पंचशील

✍ जब हम दुनिया के सामने पंचशील की बात कहते हैं, शांति की तथा अहिंसा की उद्घोषणाएं करते हैं तो हम क्यों देश में जनता को दबाने के लिए लाठी और गोली का प्रयोग करते हैं।

परमाणु

✍ एक विरोधी के द्वारा हमारे परमाणु हथियारों को विशुद्ध रूप से परमाणु अभियान के विरुद्ध धमकाने के रूप में बताता हैं।

परंपरा

✍ ब्रिटेन की परम्परा का पालन करते हुए भारत में भी लोक लेखा समिति के अध्यक्ष का पद प्रतिपक्ष को जाता है। यहां तक कि उपाध्यक्ष का पद भी प्रतिपक्ष को देने की परम्परा का, जैसे-तैसे ही सही पालन किया जा रहा है।

प्रतिपक्ष

✍ यहां प्रतिपक्ष के प्रति सहिष्णुता दिखाने की भी मानसिकता नहीं है। प्रतिपक्ष को शत्रुपक्ष समझा जाता है। न केवल समझा जाता है बल्कि इस आशय की सार्वजनिक घोषणाएं भी की जाती हैं।

फिर

✍ फिर अन्तरतम की ज्वाला से, जगती में आग लगा दूं मैं।

✍ फिर एक बात भारत की किस्मत जागी, जनता जागी, अपमानित अस्मत जागी।

बाल्यावस्था

✍ मुझे स्वदेश-प्रेम, जीवन-दर्शन, प्रकृति तथा मधुर भाव की कविताएँ बाल्यावस्था से ही आकर्षित करती रही हैं।

बदनामी

✍ मैं मरने से नहीं डरता हूं, बल्कि बदनामी होने से डरता हूं।

बंधन

✍ हम सभी एक दूसरे से बंधे हुए हैं। इतिहास ने, भूगोल ने, परंपरा ने, संस्कृति ने, धर्म ने, नदियों ने हमें आपस में बांधा है।

बात

✍ बात ऐसी नहीं कि कोई गम ही नहीं, दर्द अपने-पराए कुछ कम भी नहीं।

बचपन

✍ बचपन याद बहुत आता है, यौवन रसघट भर लाता है।

बिहारी

✍ मैं अटल हूं और बिहारी भी हूं।

(सन् 2004 में बिहार की एक जनसभा में)

बाबरी मस्जिद

✍ इसके लिए सिर्फ नरसिम्हा राव जी को सजा दी जाए ये बात मेरी समझ में तो नहीं आती। कारसेवक बेकाबू हो गए। ढांचा ढहा दिया गया। इसके लिए केवल नरसिम्हा राव को बलि चढ़ाना मुझे समझ नहीं आता। अगर बलि चढ़ना है तो कई औरों को भी बलि चढ़ना चाहिए।

✍ ये ठीक है कि जो कुछ हुआ, वो मुझे पसंद नहीं था।

(बाबरी मस्जिद विध्वंस के बाद)

भारत

✍ भारत के ऋषियों–महर्षियों ने जिस एकात्मक जीवन के ताने–बाने को बुना था, आज वह उपेक्षा तथा उपहास का विषय बनाया जा रहा है।

✍ भारत, कश्मीर से लेकर कन्याकुमारी तक फैला हुआ एक राष्ट्र है, अनेक राष्ट्रीयताओं का समूह नहीं।

✍ भारत कोई इतना छोटा देश नहीं है कि कोई उसको जेब में रख ले और वह उसका पिछलग्गू हो जाए। हम अपनी आजादी के लिए लड़े, दुनिया की आजादी के लिए लड़े।

✍ समता के साथ ममता, अधिकार के साथ आत्मीयता, वैभव के साथ सादगी–नवनिर्माण के प्राचीन आधारस्तम्भ हैं। इन्हीं स्तम्भों पर हमें भावी भारत का भवन खड़ा करना है।

✍ मैं चाहता हूं कि भारत एक महान राष्ट्र बने। शक्तिशाली बने, संसार के राष्ट्रों में प्रथम पंक्ति में आए।

✍ इस देश को लेकर मेरी एक दृष्टि है। ऐसा भारत जो भूख, भय, निरक्षरता और अभाव से मुक्त हो।

✍ भारत एक प्राचीन राष्ट्र है। अगस्त को कोई नया राष्ट्र नहीं पैदा हुआ, इस प्राचीन राष्ट्र को स्वतंत्रता मिली।

✍ भारत के प्रति निष्ठा रखने वाले सभी भारतीय एक हैं, भले ही उनके धर्म, जाति, क्षेत्र अलग-अलग हों।

✍ भारत की सुरक्षा की अवधारणा सैनिक शक्ति नहीं है। भारत अनुभव करता है सुरक्षा आन्तरिक शक्ति से आती है।

✍ भारत संसार का सबसे बड़ा लोकतंत्र है।

✍ भारत जैसे विशाल और विविधतापूर्ण देश में ब्रिटेन की तरह द्विदलीय पद्धति तो व्यावहारिक नहीं जान पड़ती। किंतु यह जरूरी है कि जो भी दल हों वे नीतियों और कार्यक्रमों पर आधारित हों, लोकतांत्रिक तरीकों से चलें, उनमें नियमित रूप से सदस्यता हो, अनिवार्यतः संगठनात्मक चुनाव हों और वे अपने सुनिश्चित घोषणा पत्र के आधार पर मतदाताओं के समक्ष जाकर उनका समर्थन प्राप्त करें।

भारतीयकरण

✍ भारतीयकरण अति-आधुनिकीकरण का विरोधी नहीं है और न ही भारतीयकरण एक घिसी-पिटी अवधारणा है।

भय

✍ भयातांकित भीड़, जन अधिकार वंचित।

भाईचारा

✍ कोई हथियार नहीं बल्कि आपसी भाईचारा ही सभी समस्याओं का समाधान कर सकता है।

भेद

✍ आज मानव और मानव के बीच जो भेद की दीवार खड़ी है उसे हटाना होगा। इसके लिए राष्ट्रीय अभियान की आवश्यकता है।

भगवान

✍ भगवान जो भी करता है, अच्छे के लिए करता है।

✍ भगवान केवल एक है लेकिन इसे प्राप्त करने के कई तरीके हैं।

भ्रष्टाचार

✍ यदि भ्रष्टाचार का अर्थ यह है कि छोटी-छोटी मछलियों को फांसा

जाए और बड़े-बड़े मगरमच्छ जाल में से निकल जाएं, तो जनता का विश्वास नहीं जगाया जा सकता है। अगर हम देश में राजनीतिक और सामाजिक अनुशासन बनाना चाहते हैं तो भ्रष्टाचार को खत्म करना जरूरी है।

भाषा

✍ भारत की सभी भाषाएं हमारी भाषाएं हैं, हमारी अपनी हैं, हमारी आत्मा का प्रतिबिंब हैं, हमारी आत्म-अभिव्यक्ति की साधन हैं, इनमें कोई छोटा या बड़ा नहीं है।

भाषण

✍ मेरे भाषणों में मेरा लेखक ही बोलता है, पर ऐसा नहीं कि राजनेता मौन रहता है। मेरे लेखक और राजनेता का परस्पर समन्वय ही मेरे भाषणों में उतरता है। यह जरूर है कि राजनेता ने लेखक से बहुत कुछ पाया है। साहित्यकार को अपने प्रति सच्चा होना चाहिए। उसे समाज के लिए अपने दायित्व का सही अर्थों में निर्वाह करना चाहिए। उसके तर्क प्रामाणिक हो। उसकी दृष्टि रचनात्मक होनी चाहिए। वह समसामयिकता को साथ लेकर चले, पर आने वाले कल की चिंता जरूर करे।

मन

✍ छोटे मन से कोई बड़ा नहीं हो सकता, टूटे मन से कोई खड़ा नहीं हो सकता।

✍ मन हारकर कभी मैदान नहीं जीते जाते। न मैदान जीतने से मन जीते जाते हैं।

✍ आदमी की पहचान उसके धन या पद से नहीं होती, उसके मन से होती है। मन की फकीरी पर तो कुबेर की संपदा भी रोती है।

✍ छोटे मन से कोई बड़ा नहीं होता, टूटे मन से कोई खड़ा नहीं होता।

मनुष्य

✍ मनुष्य को चाहिए कि वह परिस्थितियों से लड़ें, एक स्वप्न टूटे तो दूसरा गढ़े।

✍ मनुष्य जीवन अनमोल निधि है पुण्य का प्रसाद है। इसे केवल अपने

लिए ही ना जीए, दूसरों के लिए भी जिए।

✍ पृथ्वी पर मनुष्य ही एक ऐसा प्राणी है, जो भीड़ में अकेला और अकेले में भीड़ के होने का अनुभव करता है।

मानवता

✍ आज सभी बड़ी शक्तियां और इनमें वे राष्ट्र भी शामिल हैं जो सैनिक गठ बंधनों के अंग हैं, इस बात को स्वीकार करते हैं कि मानवता के सम्मुख सह-अस्तित्व को स्वीकार करने के अलावा कोई चारा नहीं है।

माउस

✍ कहने की बात है कि हमारे बुजुर्ग सपनों में खेलते थे और आज हम 'माउस' से खेलते हैं।

मातृभाषा

✍ ऊँची से ऊँची शिक्षा क्यों न हो, इसका आधार हमारी मातृभाषा होनी चाहिए।

माँ का आशीर्वाद

✍ मेरे पास ना परदादा, दादा की दौलत है और ना बाप की। मेरे पास सिर्फ मेरी माँ का आशीर्वाद है।

मूर्ति

✍ अब समझ आया कि ईश्वर की मूर्ति पत्थर की क्यों होती है। ताकि वह भक्तों के प्यार के बोझ को सहन कर सके।

(70 के दशक में पुणे की जन सभा में)

मजहब

✍ मजहब बदलने से न राष्ट्रीयता बदलती है और न संस्कृति में परिवर्तन होता।

युवा

✍ भारत में बहादुर युवा पुरुषों और महिलाओं की कोई कमी नहीं है और यदि उन्हें मौका मिलता है और मदद मिलती है तो हम अंतरिक्ष की

खोज में अन्य देशों के साथ प्रतिस्पर्धा कर सकते हैं और इन्ही में से कोई भारत के सपनो को पूरा करेगा।

✍ इस देश में मेहनती युवाओं की कमी नहीं है लेकिन उनमें से कोई भी कार बनाने का कारखाना नहीं खोल सकता क्योंकि किसी को भी प्रधानमंत्री के घर में जन्म लेने का सौभाग्य प्राप्त नहीं है।

याद

✍ याद करें काला पानी को, अंग्रेजों की मनमानी को।

यह

✍ यह परम्परा का प्रवाह है, कभी न खण्डित होगा।

युद्ध विराम

✍ हम युद्धविराम नहीं चाहते हैं। हम हमेशा के लिए अपने प्रति शत्रुता को समाप्त करना चाहते हैं, इसके लिए जरूरी है कि पश्चिमी सेक्टर में लड़ाई जारी रखी जाए।

(सन् 1971 में भारत पाकिस्तान युद्ध के समय)

योजना आयोग

✍ योजना आयोग में मन्त्रियों की संख्या कम होनी चाहिए। यदि गांधीवादी ऊंचाइयों से उतार कर यथार्थवाद की धरती पर लाने में सफलता मिलेगी।

राष्ट्र

✍ राष्ट्र कुछ संप्रदायों तथा जनसमूहों का समुच्चय मात्र नहीं, अपितु एक जीवमान इकाई है।

✍ राष्ट्र की सच्ची एकता तब पैदा होगी, जब भारतीय भाषाएं अपना स्थान ग्रहण करेंगी।

✍ आज हम राष्ट्र के निर्माण में लगे हैं। किसी गुट के साथ अपने को जोड़कर किसी को नाराज करने की स्थिति में इस समय हम नहीं हैं।

राष्ट्रहित

✍ मेरा कहना है कि सबके साथ दोस्ती करें लेकिन राष्ट्र की शक्ति पर

विश्वास रखें। राष्ट्र का हित इसी में है कि हम आर्थिक दृष्टि से सबल हों, सैन्य दृष्टि से स्वावलम्बी हों।

राष्ट्रीयता

✍ आज मानव और मानव के बीच में जो भेद की दीवार खड़ी है उसे हटाना होगा। इसके लिए राष्ट्रीय अभियान को आवश्यकता हैं।

✍ अपना देश एक मन्दिर है, हम पुजारी हैं, राष्ट्रदेव की पूजा में हमने अपने आपको को समर्पित कर देना चाहिए।

राजनीति

✍ सिर्फ राजनीति ही ऐसी जगह है, जहां किसी भी तरह की तैयारी की जरूरत नहीं होती।

✍ राजनीति इतनी दुखद है कि अगर मैं बलवान नहीं होता, तो आत्महत्या कर चुका होता।

✍ वस्तुतः 1990-91 का काल खंड भारतीय राजनीति के इतिहास में राजनीतिक अस्थिरता के काल खंड के रूप में याद किया जायेगा।

✍ राजनीति का अपराधीकरण हो रहा है।

✍ राजनीति सत्ता का खेल मात्र बन कर रह गई है। येन-केन-प्रकारेण सत्ता हथियाना और हथियाने के बाद जैसे भी हो उसे बनाये रखना, यही राजनीति का चरम लक्ष्य यह गया है।

✍ कभी-कभी राजनीति में चुप रहना भी आवश्यक होता है और अपने देश के हितों के संवर्द्धन की दृष्टि से ही हमें अपना मुंह खोलना चाहिए।

राजनीतिज्ञ

✍ हमारे शक्तिशाली राजनीतिज्ञों को कॉमेडियन की तरह दिखाया जाता है, तो लोगों को मजा आता है।

रक्त

✍ रक्त के आँसू बहाने को विवश गणतंत्र।

✍ हमारे खून के रंग में मर्दानगी, पराक्रम, वीरता पाई जाती है। यह हमारी महान परंपरा का हिस्सा है। यह हमारे जीवन में संस्कारों द्वारा ढाला जाता है।

रामचरितमानस

✍ रामचरितमानस मेरी प्रेरणा का स्रोत रही है। गोस्वामी तुलसीदास ने जीवन की जिस समग्रता का वर्णन किया है, वह विश्व साहित्य में नहीं हुआ है।

रथ यात्रा

✍ श्री आडवाणी की रथ यात्रा संयुक्त सरकार को गिराने के लिए नहीं थी। उसका उद्देश्य अयोध्या में श्री राम मंदिर के पुनर्निर्माण के पक्ष में व्यापक राष्ट्रीय जन समर्थन जुटाना था। इस उद्देश्य में उसे सफलता भी मिली।

लक्ष्य

✍ कंधों से कंधा लगाकर, कदम से कदम मिलाकर हमें अपनी जीवन यात्रा को लक्ष्य प्राप्ति के शिखर तक ले जाना है।

✍ लक्ष्य के लिए की गई कड़ी मेहनत कभी भी आप पर थकान नहीं लाती, वो आपके लिए संतोष ही लाती है।

लाठी

✍ वास्तव में हमारे देश की लाठी कमजोर नहीं है। बल्कि वह जिन हाथों में है, वे कांप रहे हैं।

लोकतंत्र

✍ लोकतंत्र बड़ा नाजुक पौधा है। लोकतंत्र को धीरे-धीरे विकसित करना होगा। केंद्र को सबको साथ लेकर चलने की भावना से आगे बढ़ना होगा।

✍ लोकतंत्र ऐसी जगह है, जहां दो मूर्ख मिलकर एक शक्तिशाली इंसान को हरा देते हैं।

✍ लोकतंत्र वह व्यवस्था है, जिसमें बिना क्रोध किए विरोध किया जा सकता है और हिंसा का सहारा लिए बिना शासन बदला जा सकता है।

✍ हमारा लोकतंत्र संसार का सबसे बड़ा लोकतंत्र है। लोकतंत्र की परंपरा हमारे यहां बड़ी प्राचीन है। चालीस साल से ऊपर का मेरा संसद का अनुभव कभी-कभी मुझे बहुत पीड़ित कर देता है। हम किधर जा रहे हैं?

✍ भारतीय लोकतंत्र ऊपर से जितना जीवन्त दिखाई देता है भीतर से भी

वह उतना ही सबल और शक्तिशाली है ? क्या लोकतंत्र की सभी संस्थाएं अपने दायित्व का भलीभांति पालन कर रही हैं? क्या देश में लोकतांत्रिक जीवन मूल्यों की रक्षा हो रही है? क्या लोकतंत्र की जड़ें गहरी जम गयी हैं ?

✍ लोकतंत्र का बाहरी ढांचा बरकरार है किन्तु उसे भीतर ही भीतर घुन खाये जा रहा है।

✍ बढ़ती हुई असहिष्णुता लोकतांत्रिक व्यवस्था के लिए गंभीर खतरा है।

✍ लोकतंत्र की सफलता के लिये दलीय पद्धति का सुदृढ़ होना बहुत आवश्यक है।

✍ लोकतन्त्र में मतभेद स्वाभाविक है, कुछ मात्रा में आवश्यक है। उसकी सार्थकता कहां तक ठीक है, यह विचारणीय प्रश्न है।

लूट

✍ लुटी देवियाँ लुट गए सब नगर घर।

लोकसभा

✍ तीसरी लोकसभा के चुनाव में मेरी हार सर्वथा अप्रत्याशित थी। मैंने अपने चुनाव क्षेत्र की 5 साल तक अच्छी देखभाल की थी।

वैश्विक

✍ आज परस्पर वैश्विक निर्भरता का मतलब है कि विकासशील देशों में आर्थिक आपदायें, विकसित देशों पर एक प्रतिक्षेप पैदा कर सकता है।

विदेश नीति

✍ भारत गुटों से अलग होकर चले, स्वतंत्र विदेश नीति का निर्धारण करे। हर प्रश्न की कसौटी राष्ट्र का हित होना चाहिए।

✍ सच्चाई तो यह है कि कोई प्रतिपक्ष में हो या सत्ता में हो, विदेश नीति का प्रश्न हमें सहज ही राष्ट्रीय हितों के संरक्षण और संवर्धन से जोड़ देता है और ये हित घरेलू राजनीति के प्रतिघातों, उतार चढ़ावों तथा संसदीय विवादों के आक्रमण-प्रत्याक्रमणों से ही विदेश नीति को एक ऐसी निरन्तरता प्रदान करते हैं, जो जड़ नहीं, गतिमान होती है, जो परिस्थिति निरपेक्ष नहीं समय सापेक्ष होती है।

✍ मैं विदेश नीति पर पहली बार बोल रहा हूं। मैं भारत माता के उन

करोड़ों पुत्रों और पुत्रियों को शुभकामना का सन्देश भेजता हूं जो विश्व के विभिन्न भागों में वहां की सरकारों के अधीन या व्यक्तिगत नागरिक के रूप में काम कर रहे हैं या रह रहे हैं। इनमें प्रत्येक अपने-अपने ढंग से भारत का दूत है और हमारी प्राचीन संस्कृति और सभ्यता का प्रतीक है। उन्होंने भले ही वहां जाकर रहने या रोजी कमाने का स्थान चुना हो, उन्हें हम कभी भी पराया नहीं समझेंगे और न मातृभूमि की संस्कृति और धर्म के प्रति उनकी निष्ठा को स्वीकार करने में कभी संकोच करेंगे।

वह

✍ वह कपूत है जिसके रहते माँ की दीन दशा हो।

विरोधी

✍ विरोधों के सागर में चट्टान है हम।

विचारधारा

✍ सदा से ही हमारी धार्मिक और दार्शनिक विचारधारा का केन्द्र बिंदु व्यक्ति रहा है। हमारे धर्मग्रंथों और महाकाव्यों में सदैव यह संदेश निहित रहा है कि समस्त ब्रह्माँड और सृष्टि का मूल व्यक्ति और उसका संपूर्ण विकास है।

✍ आज सभी विचारधाराएं घरेलू रंग में रंग रही हैं और हर देश के विकास की व्यूहरचना का अपना अलग रूप है। गुटनिरपेक्षता लचीलापन प्रदान करती है।

वार्ता

✍ लोग हमें यह पूछते हैं कि हम कब पाकिस्तान के साथ वार्ता करेंगे, वे शायद इस तथ्य से वाकिफ नहीं हैं कि पिछले वर्षों में पाकिस्तान के साथ बातचीत के लिए हर बार पहल भारत ने ही किया है।

शिक्षा

✍ शिक्षा के द्वारा व्यक्ति के व्यक्तित्व का विकास होता है, व्यक्तित्व के उत्तम विकास के लिए शिक्षा का स्वरूप आदर्शों से युक्त होना चाहिए।

✍ हमारी माटी में आदर्शों की कमी नहीं है। शिक्षा द्वारा ही हम नवयुवकों

में राष्ट्र प्रेम की भावना जाग्रत कर सकते हैं।

✍ शिक्षा का माध्यम मातृ भाषा होनी चाहिए।

✍ ऊँची से ऊँची शिक्षा मातृभाषा के माध्यम से दी जानी चाहिए।

✍ हमारी माटी में आदर्शों की कमी नहीं है। शिक्षा द्वारा ही हम नवयुवकों में राष्ट्रप्रेम की भावना जागृत कर सकते हैं।

✍ शिक्षा आज एक व्यवसाय बन गया है। ऐसी स्थिति में जीवन की गुणवत्ता कहां होगी? उपनिषदों या अन्य प्राचीन ग्रंथों पर हमारा ध्यान नहीं गया है। आज स्कूलों में छात्र थोक में आते हैं।

✍ अशिक्षा और गरीबी का आपस में गहरा संबंध है।

✍ शिक्षा का माध्यम मातृभाषा होना चाहिए। मातृभाषा के माध्यम से उच्च शिक्षा प्रदान की जानी चाहिए।

✍ शिक्षा मोटे तौर पर रोजगार या व्यवसाय से संबंधित होनी चाहिए, उसे राष्ट्रीय चरित्र के निर्माण और व्यक्ति को खुश करने में सहायक होना चाहिए।

✍ शिक्षा से व्यक्ति के व्यक्तित्व का विकास होता है। व्यक्तित्व के बेहतर विकास के लिए शिक्षा का स्वरूप आदर्शों से परिपूर्ण होना चाहिए। हमारी मिट्टी में आदर्शों की कमी नहीं है। शिक्षा के माध्यम से ही हम युवाओं में देशभक्ति की भावना पैदा कर सकते हैं।

शिक्षक

✍ मैं शिक्षकों का सम्मान करने में गर्व महसूस करता हूं। शिक्षकों को सरकार द्वारा प्रोत्साहित किया जाना चाहिए। प्राचीन काल में, शिक्षक का बहुत सम्मान किया जाता था। आज शिक्षक कुचला जा रहा है।

शामत

✍ कद छोटा, खोटा स्वभाव है, देख अजनबी बड़ा ताव है,
भागे तो बस शामत आई, मुंह से झटपट पैण्ट दबाई।

शरणागत

✍ शरणागत की रक्षा की है, मैंने अपना जीवन देकर।

शंकर

✍ शंकर का मठ, कल्हण का काव्य जगाता, जम्मू का कण-कण

त्राहि-त्राहि चिल्लाता।

शहीद

✍ शहीदों का रक्त अभी गीला है और चिता की राख में चिंगारियां बाकी हैं। उजड़े हुए सुहाग और जंजीरों में जकड़ी हुई जवानियां उन सर्वोत्तम कार्यों की गवाह हैं।

शीर्षासन

✍ मैं जानता हूं कि पंडित जी रोज शीर्षासन करते हैं। वह शीर्षासन करें, मुझे कोई आपत्ति नहीं है। लेकिन मेरी पार्टी की तस्वीर उल्टी न देखें।
(इस बात पर नेहरू भी ठहाका मारकर हंस पड़े।)

शांति

✍ हम शान्ति चाहते हैं, मगर शान्ति के लिए ऐसी कीमत नहीं देनी चाहिये जो भविष्य में अशांति उत्पन्न करने का कारण बन जाये।

सूर्य

✍ सूर्य एक सत्य है जिसे झुठलाया नहीं जा सकता। लेकिन ओस की बूंद भी तो एक सच्चाई है, यह बात अलग है कि यह क्षणिक है।

संस्कार

✍ पौरुष, पराक्रम, वीरता हमारे रक्त में है। यह हमारी महान परंपरा का अभिन्न अंग है। यह संस्कारों द्वारा हमारे जीवन में ढाली गई है।

संस्कृति

✍ भारतीय संस्कृति कभी भी किसी एक उपासना पद्धति से बंधी नहीं रही है और इसका आधार क्षेत्रीय भी नहीं है।

✍ पूजा की आजादी, आस्था और विश्वास की स्वतंत्रता भारतीय संस्कृति की परंपरा रही है।

समय

✍ जो राजनीति में रुचि लेता है, वह साहित्य के लिए समय नहीं निकाल पाता और साहित्यकार राजनीति के लिए समय नहीं दे पाता, लेकिन कुछ

ऐसे लोग हैं, जो दोनों के लिए समय देते हैं। वे अभिनंदनीय हैं।

साहित्य

✍ साहित्य और राजनीति के कोई अलग-अलग खाने नहीं होते।

साहित्यकार

✍ साहित्यकार का हृदय दया, क्षमा, करुणा और प्रेम से भर जाता है, इसलिए वह खून की होली नहीं खेल सकता।

सहकारिता

✍ पारस्परिक सहकारिता और त्याग की प्रवृत्ति को बल देकर ही मानव-समाज प्रगति और समृद्धि का पूरा-पूरा लाभ उठा सकता है।

सत्य

✍ सत्य सबसे शक्तिशाली हथियार है, हर कोई जानता है सरकारी जगहों पर हथियार लेकर नहीं जा सकते।

✍ सच्चाई यह है कि संयुक्त राष्ट्र संघ जैसे अंतर्राष्ट्रीय संगठन उतने ही प्रभावी हो सकते हैं जितना उनके सदस्य उन्हें होने की अनुमति दे सकें।

संपत्ति

✍ राज्य को, व्यक्तिगत सम्पत्ति को जब चाहे तब जप्त कर लेने का अधिकार देना एक खतरनाक चीज होगी।

सपना

✍ मैं ऐसे भारत का सपना देखता हूं जो समृद्ध और मजबूत हो। ऐसा भारत जो दुनिया के महान देशों की पंक्ति में खड़ा हो।

सागर

✍ सागर को किसने बाँधा है? तूफानों को किसने रोका।

स्वतंत्रता

✍ सामाजिक न्याय के बिना स्वतंत्रता अपूर्ण है।

✍ एक नहीं दो नहीं करो बीसों समझौते, पर स्वतन्त्र भारत का मस्तक

नहीं झुकेगा।

✍ हमें अपनी स्वतंत्रता को अमर बनाना होगा, राष्ट्रीय अखंडता को अक्षुण्ण रखना होगा और दुनिया में स्वाभिमान और सम्मान के साथ रहना होगा।

सोवियत संघ

✍ जो भी देश हमारे संकट के दौरान हमारे साथ खड़ा है, हमारा दोस्त है। हम अपनी वैचारिक लड़ाई बाद में लड़ सकते हैं।

(सन् 1971 में भारत पाकिस्तान युद्ध के समय)

सैन्य बल

✍ देश ने कई शताब्दियों में इस तरह की जीत हासिल नहीं की है। इस जीत के असली जिम्मेदार भारतीय सैन्य बल हैं।

(सन् 1971 में भारत पाकिस्तान युद्ध की समाप्ति के समय लोकसभा में)

संयुक्त राष्ट्र संघ

✍ वास्तविकता यह है कि संयुक्त राष्ट्र जैसे अंतर्राष्ट्रीय संगठन केवल उतने ही प्रभावी हो सकते हैं जितना कि इसके सदस्य अनुमति देते हैं।

✍ शीत युद्ध के बाद अब एक गलत धारणा बन गई है कि संयुक्त राष्ट्र किसी भी समस्या को कहीं भी हल कर सकता है।

✍ संयुक्त राष्ट्र की अद्वितीय वैधता इस सार्वभौमिक विश्वास में निहित है कि यह किसी विशेष देश या देशों के समूह के हितों की तुलना में एक बड़े उद्देश्य की पूर्ति करता है।

संविधान

✍ भारत के लोगों ने जिस संविधान को आत्मसमर्पण कर दिया है, उसे विकृत करने का अधिकार किसी को नहीं दिया जा सकता।

✍ संविधान की धारा 370 खत्म होनी चाहिए। वह एक अस्थायी प्रावधान है।

संयुक्त परिवार

✍ संयुक्त परिवार सामाजिक सुरक्षा की एक सुंदर व्यवस्था थी, जो मार्क्स से भी आगे निकल गई।

संसद

✍ संसद में वाद-विवाद कम, शोर-शराबा ज्यादा होता है।

सांप्रदायिकता

✍ साम्प्रदायिकता खुलकर खेल रही है।

सत्ता का लोभ

✍ सत्ता के लोभ से प्रेरित होकर राजनीतिक दल विघटन को बढ़ावा देने में भी संकोच नहीं करते, यहां तक कि राष्ट्र विरोधी तत्त्वों से भी सांठ-गांठ करने से बाज नहीं आते।

सूत्र

✍ इतिहास, भूगोल, परंपरा, संस्कृति, धर्म, नदियों ने हमें एक सूत्र में बांध रखा है।

स्कूल

✍ स्कूल चले हम।

हिंदू

✍ मैं हिंदू परम्परा में गर्व महसूस करता हूं, लेकिन मुझे हमारी भारतीय परंपरा में ओर ज्यादा गर्व महसूस होता है।

हिंदू धर्म

✍ हिंदू धर्म तथा संस्कृति की एक बड़ी विशेषता समयश्रकए साथ बदलने की उसकी क्षमता रही है।

✍ हिंदू धर्म एक ऐसा जीवन्त धर्म है। जो धार्मिक अनुभवों की वृद्धि और उसके आचरण की चेतना के साथ निरंतर विकास करता रहता है।

✍ हिंदू धर्म के प्रति मेरे आकर्षण का मुख्य कारण यह है कि यह मानवता का सबसे अच्छा धर्म है।

✍ हिंदू धर्म के अनुसार, जीवन की न तो शुरुआत होती है और न ही अंत यह एक अनंत चक्र है।

हिंदुत्व

✍ मुझे अपने हिंदुत्व पर अभिमान है, लेकिन इसका अर्थ यह नहीं है कि मैं मुस्लिम विरोधी हूं।

हाथ

✍ हमारे पड़ोसी कहते हैं कि एक हाथ से ताली नहीं बजती, हमने कहा कि चुटकी तो बज सकती है।

✍ एक हाथ में सृजन दूसरे में हम प्रलय लिए चलते हैं, सभी कीर्ति ज्वाला में जलते, हम अंधियारे में जलते हैं।

हथियार

✍ हमारे परमाणु हथियार, केवल दूसरों के परमाणु हमलो से निपटने के लिए हैं।

✍ हमारे परमाणु हथियार हमले का जवाब देने के लिए हैं, किसी पर हमले के लिए नहीं।

✍ कोई हथियार नहीं, केवल आपसी भाईचारा ही हर समस्या का समाधान कर सकता है।

✍ हम हथियार खरीदने पर पैसा खर्च करना नहीं चाहते, हम शांति की बात करते हैं।

हाशिया

✍ कभी-कभी करेक्शन करने के लिए मार्जिन का इस्तेमाल करना पड़ता है।

हरिजन

✍ हरिजनों के कल्याण के साथ गिरिजनों तत्गा अन्य कबीलों की दशा सुधरने का प्रश्न भी जुड़ा हुआ है।

हिंदी

✍ हिन्दी को अपनाने का फैसला केवल हिन्दी वालों ने ही नहीं किया। हिन्दी की आवाज पहले अहिन्दी प्रान्तों से उठी। स्वामी दयानन्दजी, महात्मा

गांधी या बंगाल के नेता हिन्दीभाषी नहीं थे। हिन्दी हमारी आजादी के आनंदोलन का एक कार्यक्रम बनी।

ज्ञान

✍ ज्ञान-केतु लेकर निकला है विजयी शंकर। अब न चलेगा ढोंग, दम्भ, मिथ्या आडम्बर।

क्षत्रिय

✍ अलक्षेन्द्र को धूलि चटाने वाले पौरुष फिर से जागो, क्षत्रियत्व विक्रम के जागो, चणकपुत्र के निश्चय जागो।

❖❖❖

PERSONALITY PROFILE

PROF. DR. PUSHPITA AWASTHI

Pushpita has travelled widely in the Caribbean and other countries world-wide in fact other than China and Pakistan. She has visited the rest of the world. Her writings deal mainly with the Indian diaspora who immigrated to foreign lands in the form of bonded labourers at the behest of their foreign rulers. Through the form of poetry and prose in English, Hindi and Urdu she has painted a portrait of their lives and aspirations. She has received praise and accolades in the literary world.

Her poetry collections are also published in English, Russian and Dutch languages: In Woordenbestaat Ze, Amsterdam, India institute; Hetbeeld in de rots (Dutch), The Statue in the rock, The Netherlands, 2010, Devvriksh (Hindi & English), Remadhav Art India, Echoes in the Earth, Willowdown Books UK, Pushpita's works swirl with energy: darting and surprising, leaping and resting, comforting and challenging, flow with the ease of the Ganges, intrinsic to the soul of humanity of the planet and of the universe. Apart from four collections of short stories she has also published a novel in Hindi called Chhinnamool.

This is the first ever novel written in Hindi on the life of people of Surinami Hindustani. This novel has subsequently been translated in Urdu and in English language

Professor Pushpita Awasthi was born on 14th January in Kanpur, India. She studied at the renowned Banaras (Kashi) Hindu University, Varanasi, India, and later for 20 years headed the Department of Hindi at J. Krishnamurti Vasanta College for Women, a constituent college of Banaras Hindu University till 2001. In 2001 she moved to Suriname (South America) as **First Secretary and Professor of Hindi at the Indian Cultural Centre of the Indian Embassy at Paramaribo.**

She organized the seventh World Hindi Conference in 2003 at Paramaribo. Ph.D in Hindi literature, Dr Pushpita Awasthi was awarded **Padmabhushan Moturi Satyanarayan Award** for the promotion of Hindi in foreign countries by the **President of India, Mr. Pranab Mukherjee on 30 May 2017.** Prof. Pushpita has about seventy eight (78) books to her credit which include collection of poems. Her poems are also included in an international magazine **Poetic Bond V & VI (2015-2016)** published from **Willowdown Books, U.K.** In her poems the everyday, contemporary experience echoes the mystic poetry of **Kabir and the love poetry** of **Sanskrit poet Jaidev.** Nature and love are the twin themes of her extraordinary poetic expression. She has also published the first ever novel written in Hindi on the life and culture of people of Surinam called Chhinnamool, which has recently been translated in Englished by the name Separated Emotions,. Prof. Pushpita Awasthi was awarded the **Rabindranath Tagore Award** for poetry **Constituted by Kolkata University at the 2018 convocation** by the **Chief Minister of Bengal Mamta Banerjee.** She also received the **2018 Kusumanjali Foundation award for the best Fiction Chinmool** by the **Internationally famed correspondent Mark Tully. Outllook** Magazine brought out a special review and research edition containing research work by twenty-six reviewers and intellectuals. Also, six Universities have research scholars working on the Novel Chinamool or Separated Emotions.

At the root of creativity lies the soil in which you are brought up and nurtured. Being educated, and later on serving as a teacher, in the educational institute of a world-renowned **thinker J. Krishnamurti in Varanasi, Shri Aurobindo and Swami Vivekanand nourished Pushpita's sensitivity** for nature and all living beings. The neighboring institutes of Vinoba **and Gandhi enriched her with the wisdom of Sarvodaya thinking.** She also witnessed the presence of great pioneer of Land-gift movement (Bhoodan) Sant Vinoba Bhave. She also got the opportunity to have dialogues with **Jayprakash Narain,** the great social reformer who initiated the movement called **"Sampoorna Kranti"** (Total Revolution) and with great Gandhian thinker Narayan Desai. Early exposure to all these streams of thoughts contributed in building a strong foundation for the creative world of Pushpita which was enriched with humanitarian philosophy of J. Krishnamurti and non-violent philosophy of Gandhi and Vinoba.

Pushpita also came in ideological contact with great Gandhian thinkers Prof. S.N. Subbarao, Dr. Ramji Babu, Gautam Bajaj, Ramchandra Rahi and Sadhak ji. She had dialogues with well-known Hindi authors and critics like Amrit Rai, Prof. Shiva Prasad Singh, Smt. Mannu Bhandari, Amrita Pritam, Nasira Sharma, Prof. Namvar Singh, Prof. Chandrabali Singh and Shrilal Shukla. She also got inspired by Buddhist scholars like Prof. Krishnanath and Prof. Samdhong Rinpoche.

Established as a renowned poetess in both Hindi and English, Pushpita has expanded her writings to include fiction writing in the form of short stories in both languages as well as the present volume a novel about the lives of Indian bonded labourers and their descendants.

Prof. Pushpita's current positions:

- President, **Hindi Universe Foundation, Netherlands**
- International Coordinator of Atal Foundation.

- Global Ambassador of Harijan Sevak Sangh
- National President of Acharyakul, Wardha, India
- International Convener, **Rashtrabhasha Prachar Samiti,** Wardha, Ministry of Human Resource Development, India
- International Convener, **Rashtrabhasha Prachar Samiti,** Wardha, Ministry of Human Resource Development, India
- Global Ambassador for **World Peace, MIT World Peace University,** Pune, India.
- **UNESCO** Chain for Human Rights, Democracy, Peace & Tolerance, Alandi, Pune, India
- President, **Guardian of Earth & Global Culture International Foundation,** Netherlands & India
- President, **International Non-violence & Peace Academy,** Netherlands & India
- Chairman, **Vinoba Seva Sansthan,** Gwalior, India
- General Secretary, **International Indian Cultural Council, Mauritius**
- Senior Fellowship, **Indian Council for Cultural Relations (ICCR),** Ministry of Foreign Affairs, Indian Government
- International Coordinator, Rural Business Hub, **RIIIGSC Pvt. Ltd.** India
- Patron and Editor, **Amstel Ganga** magazine, Netherlands
- Research-work: Research on the writings of Dr. Pushpita Awasthi going on in **67 universities** of India and abroad.

Other Work by the Author:

Monograph

- **Suriname**, Radhakrishna Prakashan, Delhi, 2003, ISBN 8171198736

- **Suriname**, National Book Trust, Delhi, 2009, ISBN 978-8123759821
- **Netherlands-Diary**, Kitabghar Prakashan, 2018, ISBN 978-8193372890

Edited Books

- **Kavita Suriname**, Rajkamal Prakashan, Delhi, India, 2003, ISBN 817119835X
- **Katha Suriname**, Rajkamal Prakashan, Delhi, India, 2003, ISBN 8171198368
- **Dosti ki Chah**, Poems of Jeet Narain, Rajkamal Prakashan, Delhi, India, 2004, ISBN 8136708271
- **Devanagari Script for Beginners**, Suriname, 2003, ISBN 999147031X
- **Suriname ka Srijanatmak Sahitya**, Sahitya Akademi, Delhi, India, 2012, ISBN 978-8126030958

Poems in English and Dutch

- **In Woordenbestaat Ze**, Amsterdam, India Institute, 2008, ISBN 9789080143746
- **Hetbeeld in de rots** (poems translated in Dutch) Amrit Consultancy, Netherlands, 2010, ISBN 978907489570
- **The Statue in the rock** (Poems translated in English) Amrit Consultancy, The Netherlands, 2010, ISBN 97890721073
- **Devvriksh** (Poems in Hindi and English) Remadhav Art Pvt. Ltd, Ghaziabad, India 2009 ISBN 9788190721073 (muliti Language)
- **Echoes in the Earth**, Willowdown Books U.K. 2016

Publications In International Books

- **Poetic Bond V**, Willowdown Books, U.K. 2016
- **Poetic Bond VI**, Willowdown Books, U.K. 2016

English Novel

- **Separated Emotions,** Diamond Pocket Books, New Delhi

Miscellaneous

- **Hindi Teaching in Caribbean countries**, Radhakrishna Prakashan, Delhi, India, 2004, ISBN 8126707984
- **Suriname Hindi Parishad Ka Itihas**, Rajkamal Prakashan, Delhi, India, 2004, ISBN 8126707984
- **Netherland Banaam Holland**: Jeevan Sanskriti, Adharshila Prakashan, Nainital, India, 2014, ISBN 9789381913192
- **Samundar Paar Mein Bhartiya Man**, Vikas Prakashan, Kanpur, India, 2020, ISBN 9788194328575

Children's Book

- **Kanch Ka Baksa**, Nationa Book Trust, Delhi, India, 2011, ISBN 9788123762272

Criticism

- **Aadhunik Hindi Kavyalochana Ke Sau Varsh**, Radhakrishna Prakashan, Delhi, 2006, ISBN 8183610951
- **Bharatvanshi: Bhasha Evam Sanskriti**, Kitabghar Prakashan, Delhi, 2015, ISBN 9789385054259

Collection of Short Stories

- **Gokharoo**, Radhakrishna Prakashan, Delhi, 2002, ISBN 817119768X
- **Janm**, Radhakrishna Prakashan, Ghaziabad, India, 2011, ISBN 9788181664129
- **Kantaki Bagaan**, Antika Prakashan, Ghaziabad, India, 2019, ISBN 9789388799157
- **Keti-Koti**, Antika Prakashan, Ghaziabad, India, 2020, ISBN 9789388799355
- **Mutthi Bhar Sukh**, Sasta Sahitya Mandal Prakashan, ISBN 9789388359764

Novel

- **Chhinnamool**, Antika Prakashan, Ghaziabad, India 2016 (The first ever novel written in Hindi on the life of people in Surinam) ISBN 9789385013461. This is also published in Urdu and in English language as Separated Emotions by Diamond Pocket Books

Interview

- **Sanskritik Alok Se Samvad**, Bhartiya Jnanpeeth, India 2006, ISBN 81262311908

Poetry

- **Shabd Bankar Rahti Hain Rityuen**, Kathyroop Prakashan, Patrika, Allahabad, India, 1997
- **Akshat**, Radhakrishna Prakashan, Delhi, India 2002, ISBN 8171197426
- **Ishwarashish**, Radhakrishna Prakashan, Delhi, India 2005, ISBN 8171193994
- **Hridaya Ki Hatheli**, Radhakrishna Prakashan, Delhi, India 2007, ISBN 9788183611787
- **Ras Gagan Gupha Me Ajhar Jharai**, Granth Academy, Delhi, India 2007, ISBN 7188267146
- **Antardhwani**, Medha Books, Delhi, India 2009, ISBN 9788181663030
    - India, 2009, ISBN 9788190721073
- **Tum Ho Mujhme**, Rajkamal Prakashan, Delhi, India, 2013, ISBN 978883616058
- **Shabdon Me Rahti Hai Wah**, Kitabghar Prakashan, Delhi, India 2014, ISBN 9789383233298
- **Bhojpatra**, Antika Prakashan, Ghaziabad, India, 2015, ISBN 9789385013188
- **Garbh Ki Utran**, Antika Prakashan, Ghaziabad, India, 2016, ISBN 9789385013977
- **Aankhon Ki Hichkiyan**, Diamond Books, 2023, ISBN 9789356846616
- **Prose Anubhav aur Anubhutiyan**, Diamond Books, 2023, ISBN 9789359200279

Translation Work in Hindi

- Translation of the poems of some of the renowned poets including Derek Walcott.

- J. Krishnamurti's book '**The Magnitude of Mind**' in Hindi and published by Rajpal & Sons, Delhi

Documentary Film Production

Dr. Pushpita has made documentary films on the life and literature of **Shrilal Shukla, Prof. Vidya Niwas Mishra** and **Prof. Shivprasad Singh** of 3 hours each between 1987 and 1995. These were telecast by **Lucknow Doordarshan.**

Dr Pushpita has made **documentaries on the culture** and the nature of Suriname which was screened during the **7th World Hindi Conference in 2003.**

Organization of 7th World Hindi Conference

During the tenure at the Indian Embassy in Suriname, Prof. Pushpita took keen initiatives for two yars and cooperated the Indian government and the organizers with significant efforts in planning of the 7th World Hindi Conference in 2003.

She has been regularly partaking in various **World Hindi Conferences** as well as the **Frankfurt Book Fair in Germany**.

Creative Global Presence

Professor Pushpita has been involved in the promotion and propaganda of Hindi language, literature and Indian culture across Europe and countries with Indian diaspora. She has been cooperating with intellectuals, writer and cultre workers globally for creating literature. She is the Honorary Member of many such oganizaions. She has undertaken diplomatic and literary journeys to countries like Japan, Mauritius, Canada, USA, South America, South Africa, Australia, New Zealand, Caribben countries and many others.

Significant Achievements

- Senior Fellowship of **Indian Council for Cultural Relations (ICCR),** Ministry of Foreign Affairs,

Indian Government, 2019-2020

- **'Pravasi Hindi Sahitya Bhushan Award'** by Uttar Pradesh Hindi Sansthan
- Invited as a **Non-Resident Indian Writer** in 2019 by Mahatma Gandhi International Hindi University, Wardha, India
- **Gandhi Peace Award** 2019
- Nominated as part of the **official delegation by the Prime Minster's Office of India** for the **11th World Hindi Conference in Mauritius** from 18-20 August 2018.
- Filmization of Dr. Pushpita's poetry 'Prithvi' in Dutch and Hindi language by **NTR TV Channel of Netherlands** on 4 June 2017.
- Invitation to write a special chapter on the language, literature and journalism of Indian diasporas for the **Hindi Sahitya Gyan Kosh** (Shambunath Bharatiya Bhasha Parishad) in 2017.
- Special power-point presentation and recitation of poetry in the **Suriname House** & Leiden University.
- Prof. Pushpita's books are available in the libraries of Suriname Houses of Leiden, Amsterdam, the Hague of Netherlands and of Guyana, Trinidad and Mauritius.
- Research work being done in various universities in India and abroad on **more than 70 books authored** by Prof. Pushpita.
- Participation in the proposal and planning of the **7th World Hindi Conference in Suriname in 2003.**
- **First ever publication of in Hindi on Suriname's Hindustani literature in 2003.**
- Publication of two magazines in Suriname since 2003: **'Shabda Shakti'** and **'Hindinama'.**
- Production of a **documentary film on Suriname** which was telecast in the 7th World Hindi Conference in Suriname in 2003.

- Formation of two literary forums in Suriname in 2003: **'Sahitya Mitra'** and **'Vidyaniwas Suriname Sahitya Sanstha'.**
- Through its Dutch and Hindi channels Suriname TV telecasted weekly and monthly lectures on Hindi language, literature and Indian culture.
- Newspapers of Suriname - **De ware Tijd** and **Dagblad Suriname** - published articles on the work of Prof. Pushpita.
- Publication of **'Netherlands Diary'** on the life and culture of Netherlands by **Kitabghar Prakashan, Delhi - a first-ever book** of its kind in Hindi.
- A **CD of Pushpita's poetry** was released with the help of **Amsterdam Music Department and broad casted on Radio in Netherlands.**
- Interview with Noble laureate novelist **Orhan Pamuk** and **Derek Walcott.**
- A book of interviews with Prof. **Vidya Niwas Mishra** titled **'Sanskritik Alok Se Samvad'** was published by Bhartiya Jnanpith.
- Organized several **national and international seminars as Head of Hindi Department** in Vasanta College for Women, Varanasi, India.

In Suriname:

- 2001-2005: Organized a number of symposiums in collaboration with the History and Language Departments of Suriname University as an officer of Indian Embassy.
- **2003: 7th World Hindi Conference in collaboration** with the Indian Government.
- 2005: International seminars in **Trinidad and Guyana** in collaboration with Suriname Hindi Parishad.

In Netherlands and Europe:

- 2006-2018: Participation/organization of various

Embassy, Vrije University, **Gandhi Centre, Bharat Bhawan, FCCI, NICCT** and such reputed organizations as the director of Hindi Universe Foundation.

- 2014: A first-ever publication of an online literary magazine in Hindi from Netherlands: **Amstel-Ganga.** Ganga represents the Indian culture and Amstel represents the Western culture. Coming together of both the cultures is a need of the contemporary times.

Highlights

- Formation of three organizations in Suriname dedicated for Hindi in 2003: **'Sahitya Mitra', Vidya Niwas Suriname Sahitya Sansthan'** and **'Caribbean Hindi Sansthan'.**
- Propagation of Hindi literature and language in world including in Suriname through two magazines: **'Sahitya Mitra'** and **'Hindinama'.** She **established Hindi Universe Foundation in Netherlands in 2006**. Due to the efforts of the Foundation, following writers of Suriname got recognition and awards: **Pandit Haridev Sahtu in the 8th World Hindi Conference in New York, Shri Bhola Narayan in the 9th World Hindi Conference in South Africa** and **Shri Surjan Parohi in the 10th World Hindi Conference in India.**
- During her tenure at the India Embassy in Suriname, Prof. Pushpita helped in the development of Suriname Hindi Parishad, Guyana Hindi Parishad and Trinidad Hindi Nidhi. She also helped in creating **Caribbean Hindi Sansthan** (organizations) in the following Caribbean Countries: Venezuela, Saint Lucia and Curacao. She was also the president of these organizations for two and a half years.
- Eminent Scholars from many countries including India, such as James Ramlal, poet Jeet Narain,

Shriniwasi from Suriname, Shri Janaki Prasad Singh, Prof. Vishwananth Prasad Tiwari, Prof. Kamal Kishor Goenka, poet Leeladhar Mandloi, Prof. Revati Raman, Prof. Om Nishcal and Shri Rajendra Upadhyaya have written articles on the works of Prof. Pushpita Awasthi.

- 'Pushpita Sahitya Sansar': An interview of Pushpita Awasthi on Lok Sabha TV.
- Participation in Lucknow Literary Festival in 2016 and Dehradun Literary Festival in 2018.
- In collaboratioin with the Indian literary-cultural organization called 'Adhashila', Hindi Universe Foundation of Prof. Pushpita Awasthi organized an international Hindi conference in Netherlands.
- Pushpita is the first Hindi author who has done **world tour of 117000 Km on a ship.**
- Pushpita is known to Dutch newspapers and **NTR channel** where her writings are still published. German-Dutch poet Herman van Veen is among the distinguished personalities who appreciate her poetry.
- She is also the first scholar of Amar Indian society, culture and literature.
- Scholar of Naturopathy and Yoga.
- Since 2001, she has been active in the promotion of Sanatan Indian culture in the temples of Suriname and Netherlands.

Work related to Hindi Teaching

- Publication of two magazines for giving basic introduction of Hindi **'Hindinama'** and **'Shabdashakti'.**
- While living in Suriname ran weekly classes for learning creative writing on Saturdays from 2001 to 2005.

- Conducting Hindi exams for **Suriname Hindi Parishad** for 5 years.
- Re-introduction of Hindi Kovid Exams in Suriname.
- Hindi talks and discussions through **Radio in Suriname** and neighboring countries and in Europe.
- Transcribed, edited and published works of poets, playwrights and story writers from Surinamese and Roman scripts into Devanagari script.

Publication in Newspapers and Magazines

Work of Prof. Pushpita has been published in all reputed print media in India for the last 40 years:
Kadambani, Navbharat Times, Hindustan, Dainik Jagaran, Aaj, Pahal, Vasudha, Kathadesh, Aksharam, Garbhnaal, Vagarth, Bahuvachan, Dastavej, Lamahi, Hans, Vartman Sahitya, Poorvagrah, Naya Gyanodaya and many more.

Contact Details:

Prof. Prof. Pushpita Awasthi
President, Hindi Universe Foundation Postal

Mobile: 0031-630410778
0091-7058462951

Email: pushpitaawasthi1960@gmail.com;
info@pushpitaawasthi.com

Website: www. pushpitaawasthi.com

National President–Sant Vinoba Bhave Acharyakul
Global Ambassador for World Peace Centre Alandi & MIT University, Pune Maharastra

Postal Address Netherlands:
PO Box 1080, 1810 KB Alakmaar, Netherlands

Postal Address India:
110 Warud Road, Doctor's Colony Sewagram, Wardha-442001 Maharashtra-Bharat

DIAMOND BOOKS

www.diamondbook.in

Address In India :

Book Can be Had From Diamond Books :

X-30, Okhla Industrial Area, Phase-2, New Delhi-110020

Email : nk@dpb.in, Mobile : +91-9810008004

Website : www. diamondbooks.in

पुष्पिता अवस्थी

द्वारा लिखित पुस्तकें